한음절로 잡는 일본어

역발상일본어 ⑤

한음절로 잡는 日本語

구태훈

HUMANMAKER

책을 내면서

　한국어에는 한 음절로 된 말이 거의 없습니다. 한국어는 기본적으로 자음과 모음이 결합해야 소리가 나는 구조이기 때문입니다. 그러나 일본어는 자음 또는 모음 한 음절로 된 말이 많이 있습니다. 이 책의 목적은 한 음절로 된 일본어를 집중 탐구하는 것입니다.

　한국인이 일본어를 학습할 때 한 음절로 된 말을 그냥 지나치는 경우가 많습니다. 그러나 한 음절로 된 일본어는 일본인의 감정이나 감각이 가장 순수하게 배어있는 말입니다. 일본인의 정서와 감각을 이해하고, 그들의 생각과 기분을 있는 그대로 받아들이려면 꼭 익혀야 하는 어휘입니다.

한 음절로 된 말은 일본어의 씨앗과 같습니다. 그 말속에 모든 일본어의 감각, 감성, 버릇, 속성 등이 녹아 있습니다. 그 말이 싹을 내밀어 수많은 어휘를 만들었습니다. 이런 기본 어휘를 알아야 그 말에서 파생된 말의 뜻을 이해할 수 있고, 또 매끄러운 일본어를 구사할 수 있습니다.

독자 여러분은 이 책을 통하여 일본어 특유의 탁음과 장음도 제대로 공부할 수 있을 것입니다. 한국어는 청음과 탁음을 구별하지 않습니다. 그러나 일본어는 그것을 구별합니다. 또 한국어는 단음과 장음을 구별하지 않습니다. 그러나 일본어는 그것을 구별합니다. 한국인이 일본어를 사용할 때 매우 신경이 쓰이고, 또 문제가 되는 부분이 바로 탁음과 장음입니다. 이에 대한 학습이 없이는 유창한 일본어를 구사할 수 없습니다. 여러분은 이 책으로 일본어의 탁음과 장음을 제대로 공부하기 바랍니다.

이 책 또한 필자가 일본어를 공부할 때 메모한 단어장을 기초로 하여 편집한 것입니다. 여러분이 이 책을 재미있게 읽어 내려가기만 하면 '자동으로' 일본어 어휘를 익힐 수 있도록 편집했습니다. 필자가 오랜 시간에 걸쳐서 어렵게 습득한 일본어 학습 노하우를 여러분에게 드립니다. 이 책이 아주 짧은 시간에 일본어 어휘가 여러분의 몸에 자연스럽게 녹아들 수 있게 도울 것입니다. 여러분의 일본어 학습에 조금이나마 도움이 된다면 더 바랄 것이 없겠습니다.

독자 여러분이 이 책으로 일본어 특유의 한음절 어휘, 탁음, 장음 등을 제대로 공부하여 유창한 일본어를 구사할 수 있는 실력을 갖추시길 기원합니다.

2024년 봄

사막보다 목마른,
　　　　　도쿄의 밤을 지새우며

구　태　훈

차례

1. あ ·· **29**

  [あ] 부를 때, 대답할 때 쓰는 말 · 29 / [阿] 언덕 · 30
  [亜] 버금 · 32 / [啞] 벙어리 · 33

2. い ·· **35**

  [い] 다름 ; 특별 · 35 / [五] 다섯 · 36
  [五十] · 37 / [井] 우물 · 38
  [意] 뜻 · 39 / [異] 다르다 · 41

[胃] 위 · 43 / [夷] 오랑캐 · 44

[医] 의술 ; 의사 · 45 / [威] 위세 · 46

[易] 쉬움 · 47 / [以] 써 · 49 / [衣] 옷 · 49

[位] 자리 · 51 / [囲] 두르다 · 52

[依] 의지하다 · 53 / [委] 맡기다 · 54

[為] 하다 · 55 / [移] 옮기다 · 55

[偉] 뛰어나다 · 56 / [彙] 무리 · 57

[違] 어기다 · 57 / [維] 잇다 · 58

[慰] 위로하다 · 58 / [遺] 남다 · 59

3. う ··· 62

[う] · 62 / [鵜] 가마우지 · 66

[烏] 까마귀 · 67 / [迂] 사정에 어두움 · 67

[右] · 68 / [雨] 비 · 70

4. え ··· 72

[え] · 72 / [枝] (나무) 가지 · 73

[柄] (물건의) 손잡이 ; 자루 · 74 / [江] · 76

[餌] 모이 또는 미끼 · 77 / [絵] 그림 또는 화면 · 77
[重] 겹 · 78

5. お ·· 82

[お] · 82 / [尾] 꼬리 · 83
[男] 사나이 · 84 / [雄] 수컷 · 86
[小] 작은 ; 조금 · 88 / [御] · 89
[緒] 실 ; 끈 · 90 / [汚] 더럽다 ; 추레하다 · 92

6. か ·· 95

[か] · 95 / [蚊] 모기 · 99
[香] 향기 ; 냄새 · 99 / [可] 옳다 ; 좋다 · 101
[課] 과정 · 102 / [寡] 적음 · 103
[彼] · 104 / [下] 아래 ; ~의 아래 · 104
[化] ~이 되다 · 106 / [家] 집 · 107
[過] 지나다 ; 지나치다 ; 죄 · 108
[科] 과목 ; 허물 · 109 / [歌] 노래 · 110
[仮] 가짜 · 111

6. 탁음. が ····················· 114

[我] 자기 생각이나 의지 ; 아집 · 114

[駕] 탈것 · 115 / [牙] · 116 / [瓦] 기와 · 116

[画] (그림) 그리다 · 117 / [臥] 눕다 · 117

[芽] (초록의) 싹 · 118 / [賀] 축하하다 · 119

[雅] 풍류 ; 바름 ; 넓음 · 119 / [餓] 굶주리다 · 120

7. き ····················· 121

[木] 나무 또는 목재 · 121 / [気] 기운 · 124

[生] 순수함 ; 인공을 가하지 않음 · 128

[忌] 상중(喪中) ; 꺼리다 · 130 / [旗] 깃발 · 131

[機] 시기 ; 계기 · 132 / [記] 기록 · 134 / [期] 시기 · 135

7. 탁음. ぎ ····················· 138

[偽] 거짓 · 138 / [技] 기술 ; 솜씨 · 139

[義] 바른 도리 ; 뜻 · 140 / [儀] 의식 ; 사항 · 141

[議] 토의 · 141 / [疑] 의심하다 · 141

[擬] 흉내내다 · 142 / [戱] 희롱하다 · 143
[誼] 정분 ; 친밀감 · 144 / [妓] 기생 · 144

8. く ································· 146

[区] · 146 / [苦] 고생 ; 괴로움 · 147
[句] 글의 구절 ; 하이쿠 · 148 / [駆] 몰다 · 149
[懼] 두려워하다 · 150

8. 탁음. ぐ ································· 153

[具] 갖추다 ; 도구 · 153 / [愚] 어리석다 · 154

9. け ································· 155

[け] · 155 / [毛] 털 · 156
[気] · 159 / [家] 집 ; 집안 · 160

10. こ **164**

[子] 자식 · 164 / [小] · 166
[個] 단단하다 · 169 / [股] 넓적다리 · 169
[虎] 범 · 170 / [戶] 집 · 171
[古] 옛날 · 172 / [呼] 부르다 ; 숨쉬다 · 173
[孤] 외롭다 · 174 / [故] 옛날 · 174
[枯] 마르다 · 175 / [庫] 곳집 · 176
[湖] 호수 · 176 / [雇] 고용하다 · 177
[誇] 자랑 · 178 / [鼓] 북 · 178
[糊] 풀 · 179 / [顧] 돌아보다 · 180

10. 탁음. ご **182**

[五] 다섯 · 182 / [互] 서로 · 183
[午] 오 · 184 / [伍] 다섯 사람(집) · 184
[後] 나중 · 184 / [悟] 깨닫다 · 185
[碁] 바둑 · 186 / [語] 말 · 187
[誤] 잘못 · 188 / [護] 지키다 · 189

11. さ ································ 191

[差] 차 ; 차이 · 191 / [小] · 192
[早] · 193 / [左] 왼쪽 · 195
[些] 적다 · 196 / [佐] 돕다 · 196
[査] 밝히다 · 197 / [砂] 모래 · 197
[詐] 속이다 · 197/ [鎖] (쇠)사슬 · 198
[作] 짓다 ; 만들다 · 199

11. 탁음. ざ ···························· 202

[座] 자리 · 202 / [挫] 꺾다 · 203
[坐] 자리 ; 앉다 · 204

12. し ································ 205

[士] 무사 ; 선비 · 205 / [死] 죽음 · 207
[史] 역사 · 208 / [師] 스승 ; 군대 · 208
[市] 시 ; 번화한 거리 · 209 / [志] 뜻 · 210
[詩] 시 · 211 / [試] 시험 · 211

[資] 밑천 · 212 / [私] 개인의 ; 개인적인 · 213

[使] 사자 ; 사절 · 214 / [子] 자식 · 214

[支] 버티다 · 215 / [止] 그치다 · 216

[仕] 모시다 · 217 / [司] 맡다 · 218

[刺] 자 ; 척 ; 찌르다 · 219 / [始] 비롯하다 · 220

[施] 베풀다 · 220 / [紙] 종이 · 221 /

[脂] 비계(기름 덩어리) · 222 / [視] 보다 · 222

[齒] 이 ; 나이 · 223 / [誌] 적다 · 223

[賜] (윗사람이) 주다 · 223

12. 탁음. じ 226

[示] 보이다 · 226 / [字] 글자 · 227

[寺] 절 · 228 / [次] 버금 · 228

[耳] 귀 · 229 / [自] 자기 · 229

[兒] 아이 · 230 / [事] 일 · 231

[侍] 모시다 · 232 / [持] 가지다 · 232

[時] 시 ; 때 · 233 / [慈] 사랑하다 · 234

[辞] 말 · 234 / [磁] 자석 · 235

13. す ··· 236

[巣] 둥지 · 236 / [酢] 식초 · 237 / [素] · 238

13. 탁음. ず ··· 240

[ず] · 240 / [図] 그림 · 241 / [頭] 머리 · 242

14. せ ··· 244

[瀬] 여울 · 244 / [背] 등 ; 키 · 245 / [世] 인간 세상 · 246

14. 탁음. ぜ ··· 249

[是] 옳다 · 249

15. そ ··· **250**

[疎] 드물다 · 250 / [祖] 할아버지 · 252
[租] 구실 ; 조세 · 252 / [粗] 거칠다 · 253
[素] 희다 · 254 / [疏] 트이다 · 255
[組] 끈 ; 짜다 · 256 / [訴] 송사 · 257 / [礎] 주춧돌 · 258

16. た ··· **260**

[田] 논 · 260 / [他] 다름 ; 남의 일 · 261 / [多] 많음 · 262

16. 탁음. だ ··· **264**

[打] 치다 · 264 / [妥] 온당하다 · 266
[唾] 침 · 266 / [堕] 무너지다 · 266
[惰] 게으르다 · 267 / [駄] 짐 ; 싣다 · 267

17. ち 269

[血] 피 · 269 / [乳] 젖 또는 유방 · 272

[智] 지혜 ; 슬기 · 272 / [知] 지각 ; 지식 · 273

[稚] 어리다 · 274 / [地] 땅 · 275

[治] 다스리다 · 277 / [値] 값 ; 가치 · 278

[恥] 부끄럽다 · 279 / [致] 이르다 · 280

[遲] 늦다 · 281 / [痴] 어리석다 · 282

[置] 두다 · 283

18. て 286

[手] 손 · 286

19. と 293

[斗] 말 · 293 / [戶] 문 ; 문짝 · 294

[徒] 무리 ; 사람들 · 295 / [堵] 울타리 · 296

[途] 길 · 297 / [都] 도시 · 298

[吐] 토하다 · 299 / [兎] 토끼 · 300

[屠] 잡다 · 301 / [渡] 건너다 · 301
[賭] 내기 ; 도박 · 302

19. 탁음 . ど ················· 305

[度] 법도 · 305 / [土] 땅 · 307
[奴] 노예 · 307 / [怒] 성내다 · 308

20. な ······················ 310

[な] · 310 / [名] 이름 · 311
[菜] 채소 · 313 / [那] 어찌 · 314

21. に ······················ 316

[二] 둘 · 316 / [丹] 붉은색 · 317 / [荷] 짐 · 317
[煮] 익은 정도 · 318 / [尼] 비구니 · 319

22. ね ·· **321**

[根] 뿌리 · 321 / [値] 값 · 323
[音] 음 ; 소리 ; 음성 · 324
[寢] 잠 ; 자는 일 / 325

23. の ·· **328**

[野] 들 · 328

24. は ·· **331**

[刃] (칼 따위의) 날 · 331 / [羽] 날개 · 332
[歯] 치아 · 333 / [葉] 잎 · 334
[派] 파 · 336 / [端] 가장자리 · 337
[覇] 패권 ; 우승 · 338 / [把] 쥐다 · 339
[波] 물결치다 · 339 / [破] 깨어지다 · 340
[播] 뿌리다 · 341

24. 탁음. ば ·············· 343

[馬] 말 · 343 / [婆] 할머니; 범어의 음역 · 344
[罵] 욕지거리 · 344

25. ひ ·············· 345

[日] 해 ; 낮 ; 하루 · 345 / [火] 불(빛) · 347
[非] 비(리), 불리함, 잘못 등을 뜻하는 말 · 348
[比] 비교 · 349 / [否] 부 ; 찬성하지 않음 · 350
[皮] 가죽 · 351 / [妃] 비 · 352
[批] 치다 · 352 / [彼] 저쪽 · 353
[披] 헤치다 · 353 / [肥] 살지다 · 353
[卑] 낮다 · 354 / [飛] 날다 · 355
[秘] 숨기다 · 357 / [被] 덮다 · 358
[悲] 슬프다 · 359 / [費] 쓰다 · 360
[鄙] 시골 · 361 / [罷] 파하다 · 361
[避] 피하다 · 361

26. 탁음. び ································ **364**

[尾] 꼬리 · 364 / [眉] 눈썹 · 365

[美] 아름답다 · 365 / [備] 준비하다 · 366

[微] 작다 · 367 / [鼻] 코 · 367

26. ふ ································ **369**

[斑] 얼룩 ; 반점 · 369 / [腑] 내장 · 370

[不] 아니다 · 370 / [夫] 사내 ; 남편 · 371

[父] 아버지 · 371 / [付] 주다 · 372

[布] 포목 · 374 / [扶] 돕다 · 374

[怖] 두려워하다 · 375 / [訃] 부고 · 376

[負] 지다 · 376 / [浮] 뜨다 · 377

[婦] 아내 · 378 / [符] 부 ; 부신 · 379

[富] 넉넉하다 · 379 / [普] 넓다 · 380

[腐] 썩다 · 381 / [譜] 적다 · 382 / [膚] 살갗 · 382

26. 탁음. ぶ ·· 384

[武] 무 · 384 / [部] 구분하다 · 385
[撫] 어루만지다 · 385 / [舞] 춤추다 · 386

27. へ ·· 388

[屁] 방귀 ; 가치 없는 것이나 믿을 수 없는 것의 비유 · 388

28. ほ ·· 390

[帆] 돛 · 390 / [歩] 걸음 ; 보조 · 391
[穂] 이삭 · 392 / [保] 보전하다 · 393
[捕] 잡다 · 394 / [補] 깁다 · 395
[輔] 광대뼈 · 396 / [舗] 펴다 · 396

28. 탁음. ぼ ·· 398

[母] 어머니 · 398

[墓] 모집하다 · 399

[慕] 그리워하다 · 399

[暮] 저물다 · 400 / [簿] 장부 · 401

29. ま ··· 403

[真] · 403 / [間] 사이 ; 틈 · 405

[魔] 마 ; 악마 · 407 / [麻] 삼 ; 마비하다 · 408

[摩] 갈다 · 409 / [磨] 갈다 · 409

30. み ··· 412

[み] · 412 / [実] 열매, 씨, 알맹이 · 413

[身] 몸 · 414 / [味] 미 ; 맛 · 417

[未] 아니다 · 418 / [魅] 도깨비 · 419

31. む ··· 421

[無] 없음 · 421 / [務] 힘쓰다 · 423

[夢] 꿈 ; 꿈꾸다 · 424 / [霧] 안개 · 424

32. め ··········· 426

[目] 눈 또는 눈에 비유되는 것을 나타냄 · 426
[芽] 싹 · 435 / [女] 여성 · 436
[雌] (牝) 암컷 · 437

33. も ··········· 440

[喪] 상 ; 복 · 440 / [面] 표면 · 441
[模] 법칙 ; 모양 · 442

34. や ··········· 443

[矢] 화살 · 443 / [屋] · 444
[家] 집 · 446 / [野] 들판 · 446
[冶] 쇠불리다 · 448

35. ゆ ·· 449

[湯] 뜨거운 물 · 449 / [由] 말미암다 · 451

[油] 기름 · 451 / [愉] 기뻐하다 · 452

[喩] 깨우치다 · 452 / [諭] 타이르다 · 453

[輸] 보내다 · 454 /[癒] 낫다 · 454

36. よ ·· 456

[世] 세상, 생애 등을 나타냄 · 456

[夜] 밤 · 457 / [余] 나머지 · 459

[代] 통치자의 치세 · 460 / [与] 함께 · 462

[予] 미리 · 463 / [誉] 명예 · 463

[輿] 수레 · 464

37. ら ·· 466

[等] (복수) 들 ; 따위 · 466 / [裸] 벌거숭이 · 467

[羅] 그물 늘어서다 · 468

38. り ································· 470

[利] 벌이 ; 이문 · 470 / [理] 법칙 ; 원리 · 471

[吏] 관리 · 472 / [里] 마을 · 473

[痢] 설사 · 473 / [裡] 속 · 473

[裏] 안 ; 뒤 · 474 / [履] 신 · 475

[罹] (병에) 걸리다 · 476

[離] 흩어지다 · 477

39. ろ ································· 480

[炉] 방바닥에 고정한 화로 · 480

[路] 길 · 481 / [露] 이슬 · 482

40. わ ································· 483

[和] 화합하다 · 483

[輪] 고리 · 485

[倭] 왜 ; 왜국 · 486

[話] 이야기 · 486

부록. 일본어 장음 탐구 ························· **491**

1. おう · 494
2. きょう · 494
3. ぐう · 495
4. こう / ごう · 496
5. しょう / じょう · 499
6. すう · 501
7. そう / ぞう · 502
8. ちょう · 504
9. とう / どう · 506
10. ほう / ぼう · 509
11. もう · 511
12. ゆう · 512

Step.01

あ

[あ] 부를 때, 대답할 때 쓰는 말

❶ 우리는 손아랫사람이나 짐승 또는 사물을 부를 때 호격조사로 '아'를 사용합니다. 길동아, 바둑아, 달아 등으로 사용합니다. 명사 아래에 붙여서 사용하지요. 그러나 일본인은 'あ, きみ = 아, 자네' 'あ, ちょっと = 아, 잠깐' 등과 같이 주의를 환기하는 감각으로 사용합니다.

❷ 놀라거나 당황할 때, 기쁘거나 슬프거나 뉘우치거나 감탄할 때, 잊고 있었던 것이 문득 생각났을 때 자기도 모르게 '아!' 라는 말이 튀어나옵니다. '알았다' 또는 '아!'에 해당하는 의미로 쓰이기도 합니다. 일본인도 우리와 같은 감각으로 'あ' 라는 소리를 냅니다.

* あ, わかった(分かった) = 아! 알았다
* あ, そうだ = 아참! 그렇다
* ああ, すばらしい(素晴らしい) = 아아! 훌륭하다

[阿] 언덕

❶ 아프리카 즉, アフリカ(阿弗利加)의 준말로 사용하기도 합니다.

❷ 그러나 원래 '阿'는 언덕을 뜻하는 말입니다. 우리는 あふ(阿附)를 아첨(阿諂) 즉, 남에게 잘 보이려고 알랑거리며 비위를 맞춘다는 뜻으로 사용하지만, 일본어에서는 '기대다' '의지하다'라는 뜻이 내포되어 있습니다. 우리들은 다른 사람에게 '아부'하거나 '아첨'하는 사람을 놀리거나 얕잡아 보는 경향이 있습니다. 그러나 일본인들은 'あふ'

를 결코 나쁜 뜻으로 이해하고 있지 않습니다. 인간관계에서 힘없는 사람이 힘 센 사람에게 '기대는' 것은 오히려 '현명한'일이기 때문이라고 생각하기 때문일 것입니다.

❸ 다른 사람을 친근하게 부를 때 あけい(阿兄)라고 합니다.

❹ あみだ(阿弥陀), あらかん(亜羅漢), あへん(阿片) 등의 단어에 붙여서 쓰이는 '阿'는 외국어를 번역하면서 편의상 붙인 것입니다.

* あみだにょらい(阿弥陀如来) = 아미타여래
* あみだのほんがん(阿弥陀の本願) = 아미타의 본원
* あらかん(亜羅漢) = 아라한 ; 나한(羅漢)은 아라한의 줄인 말
* あへんちゅうどく(阿片中毒) = 아편 중독

❺ 인도에서는 우주의 근본이 되는 소리, 만물의 시작과 끝을 의미하는 소리를 '옴훔'이라고 합니다. 첫소리 '옴' 끝소리가 '훔'. 그래서 '옴마니반메훔'이라는 다라니의 처음에 '옴' 끝에 '훔'을 붙였습니다. '옴훔'은 들숨과 날숨을 뜻하기도 합니다. 그러고 보니 들숨은 생명이고 날숨은 죽음이네요. '옴훔'이 일본어 あうん(阿吽)이 되었습니다.

なら(奈良)에 있는 とうだいじ(東大寺)의 なんだいもん(南大門)에 보통 におうぞう(仁王像)라고 하는 こんごうりきし(金剛力士) もくぞう(木像) 한 쌍이 눈을 부릅뜨고 지키고 있습니다. 입을 벌리고 있는 것을 あぞう(阿像), 다물고 있는 것을 うんぞう(吽像)라고 합니다.

* あうんのこきゅう(阿吽の呼吸) = 옴홈의 호흡
* ならにはしせきがおおい(奈良には史跡が多い)
 = 나라에는 사적이 많다

[亜] 버금

❶ '버금감' 또는 '거기에 준함'

* ありゅう(亜流) = 아류
* あせい(亜聖) = 아성
* あねったいちほう(亜熱帯地方) = 아열대 지방
* あこうざんたい(亜高山帯) = 아고산대

❷ 화학 원자에 붙인 이름

* あひさん(亜砒酸) = 아비산
* ありゅうさん(亜硫酸) = 아황산

❸ アジア(亜細亜) = 아세아의 준말

* とうほくあ(東北亜) = 동북아
* とうなんあ(東南亜) = 동남아
* ちゅうおうあ(中央亜) = 중앙아

[唖] 벙어리

장님과 벙어리 즉 もうあ(盲唖)라는 단어는 장님을 뜻하는 '盲'와 연결하여 쓰인 것입니다. 참고로 장님은 めくら 또는 めしい. 우리말에 아연실색(唖然失色)이라는 말이 있듯이, 일본인들도 놀라서 소리가 나오지 않을 때 あぜん(唖然)이라는 단어를 사용합니다.

* もうあ(盲唖) = 맹아

* ろうあ(聾唖) = 농아
* あぜんとする(唖然とする) = 아연실색하다

 *kotoba*

いみ(意味) = 의미
にょらい(如来) = 여래
ちゅうどく(中毒) = 중독
こきゅう(呼吸) = 호흡

おおい(多い) = 많다

もくぞう(木像) = 목상
しせき(史跡) = 사적
ちい(地位) = 지위
あぜん(唖然) = 아연

しめる(占める) = 점하다

Step.02

い

[い] 다름 ; 특별

종지형 'だ', 의문 또는 반어 'か', 금지의 종조사 'な', 다짐할 때의 종조사 'ぞ', 감탄의 종조사 'わ', 명령형의 활용어미 'ろ' 등에 붙여 사용합니다. 남성이 동료나 아랫사람에게 허물없이 말을 할 때 사용하는 경우가 많습니다.

우리나라 전라도 사람들이 "그리 하지 마소잉" "안 그래야" 등과 같이 말끝에 붙여서 친밀함을 담아 표현을 부드럽게 하는 감각이 배어있는 '소리'라고 이해하시면 될 것 같습니다. 예를 들어볼까요?

どうしたんだ(어떻게 된 거야) 라는 말에 'い'를 붙여 どうしたんだい 라고 말해보세요. 이때 'だい'를 부드럽고 길게 발음해보세요! 감정이 상대방에게 편안하게 전달됩니다. 이런 감각으로 다음 문장에 'い'를 붙여서 발음해 보세요.

* なんじまでねているんだい(何時まで寝ているんだい)
  = 언제까지 자고 있는거야잉
* おい、げんきかい(おい、元気かい) = 어이, 별일 없지라
* いいきになってなくない(いい気になって泣くない)
  = 마음 놓고 울지마소잉
* うまくいったわい(旨く行ったわい) = 잘 됐어야
* はやくしろい(早くしろい) = 빨리 해라잉

[五] 다섯 즉, ご(五), いつつ(五つ)와 같은 뜻으로 쓰입니다

하나에서 열까지 셀 때 ひとつ, ふたつ, みっつ, よっつ, いつつ, むっつ, ななつ, やっつ, ここのつ, とお 라고 하지요? 위 숫자의 앞 음절만

취해서 'ひふみよいむなやこと'라고도 합니다. 무엇이든 간략하게 줄여서 쓰는 일본인의 특성이 숫자 사용에서도 나타나네요. 그 다섯 번째 'い'가 五(ご).

[五十]

숫자 쉰을 'い'라고 읽기도 합니다. 오십 일, 즉 쉰 날을 いか(五十日)라고 합니다.

♣ 쉰[五十]을 'いそ'로 읽기도 합니다. 태평양전쟁 때 일본 연합함대 사령관의 이름이 やまもと いそろく(山本五十六)였습니다. 그의 부친이 56세 때 얻은 자식이라 이름을 그렇게 지었다고 합니다.

[井] 우물

❶ 흔히 우물을 いど라고 하지만 그냥 'い'라고도 합니다.

* やまのい(山の井) = 산 속에 있는 우물
* はしりい(走り井) = 냇물에서 물을 긷는 곳
* いのなかのかわず(井の中の蛙) = 우물 안 개구리

❷ '井'를 성씨로 사용할 때 'い'로 읽습니다.

예를 들면, みつい(三井), いのうえ(井上), いぼり(井堀), いなみ(井波) 등. 특히 三井 가문은 일본 최대의 재벌이지요.

♣ 三井 재벌의 기초를 다진 인물은 17세기 후반에 지금의 とうきょう(東京)인 えど(江戸)에 포목점을 낸 みつい たかとし(三井高利)였습니다. 그는 당대에 일본 굴지의 거부가 되었고, 그의 행적은 당시의 유명한 소설가 いはら さいかく(井原西鶴)가 쓴 にほんえいたいぐら(日本永代蔵)라는 서책에 등장합니다. 이 책은 당시 일본 거부의 흥망성쇠를 기록한 소설입니다.

[意] 뜻

❶ 마음 ; 생각

* いをうかがう(意を伺う) = 의향을 묻다
* いにそう(意に添う) = 뜻에 맞다
* いにはんする(意に反する) = 뜻에 반하다
* かんしゃのいをあらわす(感謝の意を表わす) = 감사의 뜻을 표하다
* いにそまない(意に染まない) = 마음에 들지 않다

❷ 의사 ; 의지

* 意(い)のごとくならない = 뜻과 같이 되지 않다
* いをほうじる(意を奉じる) = 뜻을 받들다
* なさけといがあらそう(情けと意が争う) = 감정과 의지가 다투다

❸ 내용 ; 의미

* ごくのいをしる(語句の意を知る) = 어구의 뜻을 알다

* ひていのいをあらわすご(否定の意を表わす語)
  = 부정의 뜻을 나타내는 말

❹ 관용구

* いにかいしない(意に介しない) = 개의치 않다
* いにかなう(意に適う) = 마음에 들다
* いにみたない(意に満たない) = 마음에 차지 않다
* いのまま(意のまま) = 마음대로
* いをいたす(意を致す) = 마음먹고 열심히 하다
* いをえる(意を得る) = 사물의 의미나 상대의 기분을 알다
* いをくむ(意を汲む) = 남의 생각을 헤아리다
* いをけっする(意を決する) = 결심하다
* いをたいする(意を体する) = 남의 의견에 따라 행동하다
* いをつよくする(意を強くする) = 자신을 갖다
* いをむかえる(意を迎る) = 영합하다 ; 아첨하다
* いをもちいる(意を用いる) = 마음을 쓰다

≪한자어≫

いけん(意見) = 의견   ないい(内意) = 내의
いちゅう(意中) = 의중   りゅうい(留意) = 유의
ほんい(本意) = 본의   いと(意図) = 의도
ぜんい(善意) = 선의   いみ(意味) = 의미
たいい(大意) = 대의   いじ(意地) = 억지
いき(意気) = 의기   いしゅ(意趣) = 앙심

[異] 다르다

❶ 다름 ; 특별

* いとするにたりない(異とするに足りない)
  = 조금도 이상할 것이 없다
* かおかたちがいなものになった(顔形が異なものになった)
  = 용모가 이상하게 되었다.

❷ 다른 견해

* いをさしはさむ(異を挟む) = 다른 의견을 내놓다
* いをたてる(異を立てる) = 이의를 제기하다
* いをとなえる(異を唱える) = 반대 의견을 내세우다

❸ 이상함

* えんはいなもの(縁は異なもの) = 인연이란 기이한 것
* いなことをきいた(異なことを聞いた) = 이상한 말을 들었다
* いなかんじをいだいた(異な感じを抱いた) = 기이한 느낌을 가졌다

≪한자어≫

いせい(異性) = 이성	へんい(変異) = 변이
かいい(怪異) = 괴이	きい(奇異) = 기이
いぎ(異議) = 이의	いじん(異人) = 이인
いしん(異心) = 딴마음	いたん(異端) = 이단

♣ '異'의 훈독은 'こと' 'け' 'あや' 등. 그중에서 'こと'가 가장 많이 사용됨.

* ことにする(異にする) = 달리 하다
* ことなる(異なる) = 다르다
* ことおもい(異思い) = 딴 생각
* ことひと(異人) = 다른 사람
* ことくに(異国) = 이국 ; 타향

[胃] 위

* いがわるい(胃が悪い) = 위가 나쁘다
* いがじょうぶだ(胃が丈夫だ) = 위가 튼튼하다
* いをがいする(胃を害する) = 위를 해치다
* いがもたれる(胃が凭れる) = 위가 거북하다
* いをいためる(胃を痛める) = 위를 상하다
* いをこわす(胃を壊す) = 위에 탈이 나다
* いによいたべもの(胃に良い食べ物) = 위에 좋은 음식
* いのはたらき(胃の働き) = 위의 기능

＊いのけんさ(胃の検査) = 위의 검사

≪한자어≫

いちょう(胃腸) = 위장　　　けんい(健胃) = 건위
いえき(胃液) = 위액　　　　いさん(胃酸) = 위산
いつう(胃痛) = 위통　　　　いがん(胃癌) = 위암

[夷] 오랑캐

＊いをもっていをせいす(夷を持って夷を制す) = 이이제이
＊いをたいらげる(夷を平らげる) = 오랑캐를 평정하다
＊しいたちまちにおこる(四夷忽ちに起る)
　 = 사방에서 반란이 한꺼번에 일어나다

≪한자어≫

いてき(夷狄) = 오랑캐　　　　とうい(東夷) = 등이
じょうい(攘夷) = 양이　　　　せいい(征夷) = 정이
いこく(夷国) = 이국[야만국]　　いじん(夷人) = 이인[야만인]
しょういだん(焼夷弾) = 소이탄

[医] 의술 ; 의사

* いはじんじゅつである(医は仁術である) = 의는 인술이다
* いをぎょうとする(医を業とする) = 의술을 업으로 하다
* しゅじいのしょけん(主治医の所見) = 주치의의 소견
* かんぽういがはりをうつ(漢方医が針を打つ) = 한방의가 침을 놓다
* かつをいする(渇を医する) = 갈증을 풀다

≪한자어≫

いし(医師) = 의사　　　　　せんもんい(専門医) = 전문의
かいぎょうい(開業医) = 개업의　とうばんい(当番医) = 당직의

げかい(外科医) = 외과의   ないかい(内科医) = 내과의
がんかい(眼科医) = 안과의   しかい(歯科医) = 치과의
せっこつい(接骨医) = 접골의

[威] 위세

* いをしめす(威を示す) = 위엄을 나타내다
* いをふるう(威を振るう) = 위세를 떨치다
* いをたてる(威を立てる) = 위엄을 세우다
* いにふせる(威に伏せる) = 위세에 눌리다
* いあってたけからず(威あって猛からず) = 위엄이 있되 사납지 않다
* とらのいをかりるきつね(虎の威を借りる狐)
   = 호랑이의 위세를 빌리는 여우(호가호위)

≪한자어≫

いせい(威勢) = 위세   けんい(権威) = 권위
じい(示威) = 시위   いめい(威名) = 위명
いあつ(威圧) = 위압   いかく(威嚇) = 위협

[易] 쉬움

* いよりなんにすすむ(易より難に進む)
  = 쉬운 것에서 어려운 것으로 나아가다
* なんをさけていにつく(難を避けて易に就く)
  = 어려운 것을 피하고 쉬운 것을 취하다
* なんをきらいいをもとめる(難を嫌い易を求める)
  = 어려움을 싫어하고 쉬운 것을 찾다
* ことをみることがいにすぎる(事を見ることが易に過ぎる)
  = 사물을 보는 것이 너무 소홀하다

≪한자어≫

よい(容易) = 용이　　　なんいど(難易度) = 난이도

あんい(安易) = 안이　　へいい(平易) = 평이

かんい(簡易) = 간이

♣ '易'는 'えき'로 읽는 경우가 많은데, 이런 경우에는 '바꾸다'는 뜻으로 쓰입니다

かいえき(改易) = 개역(고쳐 바꿈)　　こうえき(交易) = 교역
ぼうえき(貿易) = 무역　　　　　　　えきしゃ(易者) = 점쟁이
えききょう(易経) = (책) 역경　　　しゅうえき(周易) = 주역

♣ 훈독 やさしい(易しい) ; 쉽다

* やさしいもんだい(易しい問題) = 쉬운 문제
* やさしくかかれたほん(易しく書かれた本) = 쉽게 써진 책
* やさしいにほんご(易しい日本語) = 쉬운 일본어
* くちでいうのはやさしい(口で言うのは易しい)
　= 입으로 말하기는 쉽다

[以] 써

いじょう(以上) = 이상　　いがい(以外) = 이외
いご(以後) = 이후　　　いぜん(以前) = 이전
いない(以内) = 이내　　いらい(以来) = 이래
いか(以下) = 이하　　　いおう(以往) = 이왕
いしんでんしん(以心伝心) = 이심전심

[衣] 옷

いしょう(衣装) = 의장　　いふく(衣服) = 의복
はくい(白衣) = 백의　　　いりょう(衣料) = 의료
いるい(衣類) = 의류　　　だつい(脱衣) = 탈의
こうい(更衣) = 경의, 옷을 갈아입음
ちゃくい(着衣) = 착의　　いしょく(衣食) = 의식

♣ 승려의 기물이나 옷을 이르는 불교 용어로 사용할 때는 'え'로 발음

えはつ(衣鉢) = 의발   びゃくえ(白衣) = 백의   ほうえ(法衣) = 법의

♣ '衣'字는 매우 다양하게 읽혀서, 일본인도 읽기 어려운 글자에 속합니다

* うわぎ(上衣) = 겉옷 ; 윗도리
* かずき(被衣) = 장옷 (옛 여자가 나들이 할 때 머리부터 덮어 쓰던 옷)
* くろご(黒衣) = 검은색 승복
* ねまき(寝衣) = 잠옷
* のうし(直衣) = 옛 귀족의 평상복
* ゆかた(浴衣) = 욕의 ; 여름철에 입는 무명 홑옷

[位] 자리

いち(位置) = 위치　　　ぶい(部位) = 부위

ほうい(方位) = 방위　　いかい(位階) = 위계

がくい(学位) = 학위　　ざいい(在位) = 재위

そくい(即位) = 즉위　　ちい(地位) = 지위

たんい(単位) = 단위　　ほんい(本位) = 본위

じゅんい(順位) = 순위　じょうい(上位) = 상위

♣ 훈독　くらい(位) = 지위 ; 품위

❶ 국왕의 지위

* くらいにつく(位に即く) = 즉위하다
* くらいをゆずる(位を譲る) = 양위하다
* くらいをうばう(位を奪う) = 찬탈하다

❷ 지위 ; 계급

* くらいのたかいひと(位の高い人) = 지위가 높은 사람
* だいじんのくらい(大臣の位) = 장관의 지위
* くらいがあがる(位が上がる) = 계급이 오르다

❸ 품위 ; 관록

* くらいのたかいげいじゅつ(位の高い芸術) = 품격 높은 예술
* ちょうかんとしてのくらい(長官としての位) = 장관으로서의 품위

[囲] 두르다

いご(囲碁) = 바둑　　　　　　ほうい(包囲) = 포위
ふんいき(雰囲気) = 분위기　　きょうい(胸囲) = 흉위(가슴둘레)
しゅうい(周囲) = 주위　　　　はんい(範囲) = 범위

♣ 훈독 <u>かこむ</u>(囲む) = 둘러싸다 ; 포위하다

* てきのしろをかこむ(敵の城を囲む) = 적의 성을 포위하다
* やまにかこまれたむら(山に囲まれた村) = 산에 둘러싸인 동네
* ばんごうをまるでかこむ(番号を丸で囲む)
　= 번호를 동그라미로 두르다

[依] 의지하다

いそん(依存) = 의존　　　　いたく(依託) = 의탁

いらい(依頼) = 의뢰　　　　ひょうい(憑依) = 빙의

いきょ(依拠) = 의거　　　　いぜん(依然) = 의연

♣ '依'는 대개 'い'로 읽으나 '수단으로 하다 ; 의존하다'는 뜻의 <u>よる</u>(依る)의 경우에는 'よ'로 훈독 합니다.

* ときとばあいによって(時と場合に依って) = 시간과 장소에 따라서
* ぼうりょくによるかいけつ(暴力に依る解決) = 폭력에 의한 해결
* せいせきによってごうかくする(成績に依って合格する)
  = 성적에 따라 합격하다
* ふでによってせいかつする(筆に依って生活する) = 붓으로 생활하다

[委] 맡기다

いしょく(委嘱) = 위촉   いたく(委託) = 위탁
いさい(委細) = 위세 ; 자세한 사정   いにん(委任) = 위임
いき(委棄) = 위기 ; 내버려 둠

[為] 하다

いせいしゃ(為政者) = 위정자   えいい(営為) = 영위
こうい(行為) = 행위   さくい(作為) = 작위
じんい(人為) = 인위   むい(無為) = 무위

[移] 옮기다

いこう(移行) = 이행   いじゅう(移住) = 이주
いてん(移転) = 이전   いどう(移動) = 이동
いみん(移民) = 이민   すいい(推移) = 추이

♣ 훈독 <u>うつ</u>る(移る) = 이동하다

* せいけんがうつる(政権が移る) = 정권이 넘어가다
* みやこがうつる(都が移る) = 수도가 옮겨지다
* こころがうつる(心が移る) = 마음이 변하다
* でんせんびょうがうつる(伝染病が移る) = 전염병이 옮다

[偉] 뛰어나다

いじん(偉人) = 위인   いとく(偉徳) = 위덕   いよう(偉容) = 위용

♣ 훈독 <u>えら</u>い(偉い) = 훌륭하다 ; 대단하다

* えらいひと(偉い人) = 훌륭한 사람
* えらいじけん(偉い事件) = 엄청난 사건

* えらいさむさ(偉い寒さ) = 대단한 추위
* えらそうなかおをする(偉そうな顔をする) = 잘난 체하다

[彙] 무리

ごい(語彙) = 어휘　　じい(字彙) = 자휘　　いほう(彙報) = 휘보

[違] 어기다

いわ(違和) = 위화　　　　　そうい(相違) = 상위
いはい(違背) = 위배　　　　いはん(違反) = 위반
いほう(違法) = 위법　　　　ひい(非違) = 비위

♣ 훈독 <u>ちが</u>う(違う) = 다르다

* せいかくがちがう(性格が違う) = 성격이 다르다
* おもいちがいをする(思い違いをする) = 오해를 하다
* これきみのとちがうか(これ君のと違うか) = 이것 자네 것과 다른가?

[維] 잇다

せんい(繊維) = 섬유   いじ(維持) = 유지   いしん(維新) = 유신

[慰] 위로하다

いあん(慰安) = 위안   いぶ(慰撫) = 위무
いもん(慰問) = 위문   いれい(慰霊) = 위령

いろう(慰労) = 위로   じい(自慰) = 자위

♣ 훈독 <u>なぐさめる</u>(慰める) = 위로하다

* こころをなぐさめる(心を慰める) = 마음을 달래다
* びょうにんをなぐさめる(病人を慰める) = 병자를 위로하다
* れいをなぐさめる(霊を慰める) = 영혼을 위로하다(명복을 빌다)
* ほねおりをなぐさめる(骨折りを慰める) = 수고를 위로하다

[遺] 남다

いかん(遺憾) = 유감   いき(遺棄) = 유기

いせき(遺跡) = 유적   いくん(遺訓) = 유훈

いこつ(遺骨) = 유골   いさん(遺産) = 유산

いしょ(遺書) = 유서   いぞく(遺族) = 유족

いしつ(遺失) = 유실

 **kotoba**

かわず(蛙) = 개구리 = かえる
かんしゃ(感謝) = 감사
なさけ(情け) = 동정
ひてい(否定) = 부정
たべもの(食べ物) = 음식
じんじゅつ(仁術) = 인술
とら(虎) = 호랑이
きつね(狐) = 여우
もんだい(問題) = 문제
げいじゅつ(芸術) = 예술
ばんごう(番号) = 번호

ぼうりょく(暴力) = 폭력
かいけつ(解決) = 해결
ごうかく(合格) = 합격
せいせき(成績) = 성적
せいけん(政権) = 정권
みやこ(都) = 수도
じけん(事件) = 사건
さむさ(寒さ) = 추위
せいかく(性格) = 성격
びょうにん(病人) = 병자
ほねおり(骨折り) = 수고

 **kotoba**

うかがう(伺う) = 묻다

そう(添う) = 더하다

あらわす(表わす) = 표하다

そまる(染まる) = 물들다

ほうじる(奉じる) = 받들다

あらそう(争う) = 다투다

かなう(適う) = 적합하다

みつ(満つ) = 차다

いたす(致す) = 가져오다

える(得る) = 얻다

くむ(汲む) = 긷다

けっする(決する) = 결심하다

むかえる(迎える) = 맞이하다

もちいる(用いる) = 사용하다

たりる(足る) = 충분하다

さしはさむ(挟む) = 끼우다

がいする(害する) = 해치다

たける(猛る) = 용맹하다

すぎる(過ぎる) = 통과하다

ふるう(振るう) = 떨치다

ふせる(伏せる) = 눌리다

さける(避ける) = 피하다

つく(就く) = 들다

ゆずる(譲る) = 물려주다

Step.03

う

[う]

동사, 형용사, 형용동사, 조동사 'ます, です, たい, だ, ようだ, そうだ 등의 미연형에 붙습니다. 구체적인 쓰임새는 아래와 같이 나누어 설명할 수 있습니다.

❶ 주체의 의지를 나타냄 ; ~하자 ; ~하겠다 ; ~하려 한다

* ひとつあげましょう(一つ上げましょう) = 한 개 드리지요
* とびおりようとしていた(飛び下りようとしていた)
  = 뛰어 내리려던 참이었다.

❷ 권유나 완곡한 명령을 나타냄 ; ~하자 ; ~하여 다오

* はやくいこう(早く行こう) = 빨리 가자
* さっさとかえってもらおう(さっさと帰って貰おう) 빨리 돌아 가다오

❸ 짐작이나 예측을 나타냄 ; ~겠지 ; ~일 것이다

* あしたはくるだろう(明日は来るだろう) = 내일은 오겠지
* おいそがしいことでしょう(お忙しいことでしょう) = 바쁘시겠지요

❹ 완곡한 표현 ; ~겠지

* こうかんがえてもよかろう(こう考えても良かろう)

= 이렇게 말해도 되겠지

* よかろうはずがない(良かろうはずが無い) = 좋을 리가 없다

❺ 반어(反語)의 표현 ; ~할 것인가, ~하랴

* いうべきではなかろうか(言うべきではなかろうか)
  = 말해야 하지 않을까?
* だれがよろこぼう(誰が喜ぼう) = 누가 기뻐하겠는가?

❻ 동작이 행해지기 직전의 상태를 나타냄 ; ~하려는 참이다

* かれはかえろうとしていた(彼は帰ろうとしていた)
  = 그는 돌아가려는 참이었다
* めがさめようとした(目が覚めようとした) = 잠이 깨려던 참이었다

❼ 허용성(許容性) 표현 ; ~ 일 법하다

* あろうことかあるまいことか(あろう事かあるまい事か)
  = 있을 법이나 한 일인가?

＊なろうことなら、いっしょにしにたい(なろう事なら、一緒に死にたい)
 = 가능한 일이라면, 같이 죽고 싶다

❽ 가능성(可能性) 표현 ; ~할 수 있다

＊かれにはなしがわかろうはずがない(彼に話が分かろうはずがない)
 = 그가 말귀를 알아들을 리가 없다
＊ようきゅうのとおろうどうりがない(要求の通ろう道理がない)
 = 요구가 먹힐 리 없다

❾ 가정하여 그와 반대되는 동작・작용이 뒤따름
  ; ~건 ; ~거나 ; ~든지

＊こいであろうとなかろうと、いはんはいはんだ(故意であろうと無かろうと、違反は違反だ) = 고의건 아니건, 위반은 위반이다.
＊いこうかいくまいか、ぼくのかってだ(行こうか行くまいか、僕の勝手だ) = 가든 안 가든 내 마음대로다

[鵜] 가마우지

  가마우지가 무엇이든 통째로 삼키는 특성을 이용해서 어부들이 가마우지의 목을 묶어서 물고기를 잡게 하지요. 이와 같이 통째로 삼키거나 또 잘 이해하지 못하고 그대로 받아들이는 것을 うのみ(鵜呑み)라고 말합니다.

* うのまねをするからすみずにおぼれる(鵜の真似をする烏水に溺れる)
  = 가마우지 흉내 내는 까마귀 물에 빠진다
* うのめたかのめ(鵜の目鷹の目) = 가마우지의 눈, 매의 눈
  (번득이는 눈초리)
* うのめたかのめでしょうこをさがす(鵜の目鷹の目で証拠を捜す)
  = 눈에 불을 켜고 증거를 찾다
* からすをうにつかう(烏を鵜に使う)
  = (생김새가 닮았다고) 무능한 자를 능력이 필요한 자리에 둠

[烏] 까마귀

* うごうのしゅう(烏合の衆) = 오합지졸
* うと(烏兎) = 금오(金烏)와 옥토(玉兎) ; 해와 달
* うとそうそう(烏兎匆匆) = 덧없이 빠른 세월
* うろ(烏鷺) = 까마귀와 백로
* うろのあらそい(烏鷺の争い) = 바둑 시합

≪관용구≫

* えぼし(烏帽子) = 옛날 일본 무사가 쓰던 모자
* さるにえぼし(猿に烏帽子) = 개발에 편자(격에 맞지 않는 복장이나 언행)
* えぼしをきせる(烏帽子を着せる) = 이야기를 과장하다

[迂] 사정에 어두움

* あまりにもうなはなしだ(あまりにも迂な話だ)

= 너무나 에두른 이야기다
* うともぐともいいようがない(迂とも愚とも言いようがない)
    = 물정에 어둡다고도 어리석다고도 딱히 표현할 길이 없다

≪한자어≫

* うかいどうろ(迂回道路) = 우회도로
* うよきょくせつ(紆余曲折) = 우여곡절
* うえんなやり方(迂遠なやり方) = 빙 에두른 방식
* せけんのことにうかつなひと(世間の事に迂濶な人)
= 세상 물정에 어두운 사람
* みちがうきょくする(道が迂曲する) = 길이 꾸불꾸불 꾸부러지다
* うぐなおとこ(迂愚な男) = 어리석고 우둔한 남자

[右]

* うわんとうしゅ(右腕投手) = 오른팔 투수
* くるまがうせつする(車が右折する) = 차가 우회전하다

* うよくのせいとう(右翼の政党) = 우익 정당(보수당)
* きょくうだんたい(極右団体) = 극우 단체

♣ '右'는 'ゆう'로 읽기도 합니다

さゆう(左右) = 좌우 　　　　　　ざゆうのめい(座右の銘) = 좌우명
ゆうぶんさぶ(右文左武) = 우문좌무(문무를 겸비함)

♣ 훈독　みぎ(右) 오른쪽

* みぎがわつうこう(右側通行) = 우측통행
* みぎへならえ(右へ倣え) = (구령) 우로나란히
* みぎにむかう(右に向う) = 오른쪽으로 향하다
* みぎにでる(右に出る) = 더 뛰어나다
* みぎのとおりそういない(右の通り相違無い) = 이상과 같이 틀림없다

[雨] 비

* うてんでもけっこうする(雨天でも決行する) = 비가와도 결행하다
* うすいがもる(雨水が漏る) = 빗물이 새다
* うちゅうにもかかわらず(雨中にも拘わらず)
  = 비가 오는데도 불구하고
* ばいうにはいる(梅雨に入る) = 장마철에 접어들다
* うせつ(雨雪) = 비와 눈 ; 진눈깨비

♣ 훈독 あめ(雨) = 비

* あめがふる(雨が降る) = 비가 내리다
* あめがやむ(雨が止む) = 비가 그치다
* ごぜんからあめになった(午前から雨になった)
  = 오전부터 비가 내리기 시작했다
* だんがんのあめ(弾丸の雨) = 비처럼 쏟아지는 탄환
* あめふってじかたまる(雨降って地固まる) = 비온 뒤에 땅이 굳다

 **kotoba**

まね(真似) = 흉내
ようきゅう(要求) = 요구
どうり(道理) = 도리
こい(故意) = 고의
いはん(違反) = 위반
かって(勝手) = 편리함
うかい(迂回) = 우회
うかつ(迂闊) = 물정에 어두움
うぐ(迂愚) = 어리석고 우둔함
とうしゅ(投手) = 투수

うわん(右腕) = 오른팔
うせつ(右折) = 우회전
うよく(右翼) = 우익
きょくう(極右) = 극우
だんたい(団体) = 단체
うてん(雨天) = 우천
つうこう(通行) = 통행
けっこう(決行) = 결행
ばいう(梅雨) = 장마
だんがん(弾丸) = 탄환

よろこぶ(喜ぶ) = 기뻐하다
さめる(覚める) = 깨다
おぼれる(溺れる) = 물에 빠지다
あらそう(争う) = 다투다
ならう(倣う) = 따르다

むかう(向う) = 향하다
もる(漏る) = 새다
ふる(降る) = 내리다
やむ(止む) = 그치다
かたまる(固まる) = 굳다

Step.4

え

[え] 우리말의 '예'에 해당합니다.

❶ 긍정·승낙 ; 우리말의 '예'와 같은 감각으로 사용합니다.

* <u>え</u>, そうです = 예, 그렇습니다
* <u>え</u>, わかりました = 예, 알겠습니다

❷ 감동·놀람·의문 ; 예? 뭐? ; 일본어에는 의문 부호를 붙이지 않

으나 말을 할 때는 우리말의 예? 요? 뭐? 등과 같이 문장 끝의 억양을 높여서 발음합니다.

* **え**, なんですって = 예? 뭐라고요?
* **え**, いくらですか = 예? 얼마예요?
* **え**, きんか(金貨)がなくなったって = 예? 금화가 없어졌다고?

[枝] (나무) 가지

'が'로 연결해서 '어떤 나무의 가지'를 말할 때는 'え'로 발음합니다. 그밖에 관행적으로 'え'로 발음하는 것이 있습니다. 그러나 이러한 예는 매우 적습니다. 거의 대부분이 훈독인 'えだ'로 읽습니다

* **うめがえ**(梅が枝) = 매화나무 가지
* **まつがえ**(松が枝) = 소나무 가지
* **なかつえ**(中つ枝) = 중가지

♣ 훈독 えだ(枝) = 가지

* まつのえだ(松の枝) = 소나무 가지
* なまきのえだ(生木の枝) = 생가지
* ふといえだ(太い枝) = 굵은 가지
* えだをのばす(枝を伸ばす) = 가지를 뻗다
* えだをおる(枝を折る) = 가지를 꺾다
* えだをはさむ(枝を剪む) = 가지를 치다
* えだがたわむ(枝が撓む) = 가지가 휘다
* えだがかぜにうごく(枝が風に動く) = 가지가 바람에 움직이다

[柄] (물건의) 손잡이 ; 자루

❶ 'え'는 훈독입니다.

* あまがさのえ(雨傘の柄) = 우산 자루
* ほうきのえ(箒の柄) = 비의 자루
* ひしゃくのえ(柄杓の柄) = 국자의 자루
* フライパンの柄(え) = 프라이팬의 자루

일본 속담에 '柄(え)のないところに柄(え)をすげる'라는 말이 있습니다. 직역하면 '손잡이가 없는 곳에 자루를 끼운다.'인데, 보통 '무리하게 핑계를 대다.'라는 뜻으로 쓰입니다.

❷ 다른 훈독으로 'がら'가 있는데, 다양한 뜻으로 쓰입니다

≪몸집≫

がらがちいさい(柄が小さい) = 몸집이 작다
がらだつきのおおきいこども(柄だ付きの大きい子供) = 몸집이 큰 아이

≪분수 ; 격≫

がらにもない(柄にもない) = 분수에 맞지 않다
がらにないやくめ(柄にない役目) = 격에 맞지 않는 직책
がらにもないことをする(柄にもない事をする)
= 격에도 맞지 않는 짓을 한다

≪무늬≫

はでながら(派手な柄) = 화려한 무늬

しぶいがら(渋い柄) = 수수한 무늬

しゃれたがら(洒落た柄) = 멋있는 무늬

♣ 음독 へい(柄) = '자루' 또는 '권세'

ようへい(葉柄) = 엽병 ; 잎 꼭지
しょうへい(笑柄) = 웃음거리
おうへい(横柄) = 건방짐
だんぺい(談柄) = 화제 ; 이야깃거리
けんぺい(権柄) = 권병 ; 권세로 남을 억누름
こくへい(国柄) = 국병 ; 나라의 정권
しっぺい(執柄) = 권력을 잡음 또는 그 권력자

[江] 바다나 호수 등의 후미, 즉 물길이 굽어 들어온 곳
= いりえ(入り江)

＊ かいがんがいりえになっている(海岸が入り江になっている)
= 해안이 후미져 있다

* かわまたえ(川股江) = 두 줄기 강물이 합류하는 곳
* ながれえ(流れ江) = 흘러들어가는 물
* にごりえ(濁り江) = 탁한 물

[餌] 모이 또는 미끼

* いぬのえ(犬の餌) = 개 밥
* うおのえ(魚の餌) = 물고기 밥
* にわとりにえをやる(鶏に餌を遣る) = 닭에 모이를 주다
* えをあさる(餌を漁る) = 먹이를 찾아다니다
* つりえ(釣餌) = 낚시의 미끼
* いきえ(生き餌) = 산 미끼

[絵] 그림 또는 화면

* えをかく(絵を描く) = 그림을 그리다

* いっぷくのえ(一幅の絵) = 한 폭의 그림
* つたないえ(拙い絵) = 서투른 그림
* あくどいえ(悪どい絵) = 야한 그림
* あおえ(青絵) = 도자기에 그려진 쪽빛 그림
* しらえ(白絵) = 묵화(색을 칠하지 않고 먹의 선만으로 그린 그림)
* えにかいたもち(絵に描いた餅) = 그림의 떡

[重] 겹

* ひもをふたえにかける(紐を二重にかける) = 끈을 두 겹으로 매다
* ふたえ(二重) = 두 겹
* ななえ(七重) = 일곱 겹
* やえ(八重) = 여덟 겹 또는 여러 겹
* やえざくら(八重桜) = 잎이 여러 겹인 벚꽃 또는 그 나무
* やえざきのつばき(八重咲きの椿) = 여러 겹 꽃잎의 동백나무
* やえざきのばら(八重咲きの薔薇) = 여러 겹 꽃잎의 장미
* かきがやえなりにみのる(柿が八重なりに実る)
  = 감이 다닥다닥 열리다

♣ 훈독으로 읽는 방법이 있습니다

❶ <u>お</u>もい(重い) = 무겁다

* おもいにもつ(重い荷物) = 무거운 짐
* おもいたいど(重い態度) = 무거운 행동
* きがおもい(気が重い) = 마음이 무겁다
* せきにんがおもい(責任が重い) = 책임이 무겁다
* おもいふたん(重い負担) = 무거운 부담

❷ <u>か</u>さなる(重なる) = 겹치다

かさなるふこう(重なる不幸) = 거듭되는 불행
ひろうがかさなる(疲労が重なる) = 피로가 겹치다
おちばがかさなる(落葉が重なる) = 낙엽이 쌓이다

♣ 음독 じゅう(重) 또는 ちょう(重)

じゅうりょう(重量) = 중량   かじゅう(加重) = 가중
じゅうこう(重厚) = 중후   しんちょう(慎重) = 신중
そんちょう(尊重) = 존중   ていちょう(鄭重) = 정중

 **kotoba**

あまがさ(雨傘) = 우산
ほうき(箒) = 비
ひしゃく(柄杓) = 국자
やくめ(役目) = 직책
はで(派手) = 화려함
しゃれ(洒落) = 익살
かいがん(海岸) = 해안
ひも(紐) = 끈

ふたえ(二重) = 두 겹
つばき(椿) = 동백나무
ばら(薔薇) = 장미
かき(柿) = 감
たいど(態度) = 행동
ふこう(不幸) = 불행
ひろう(疲労) = 피로
おちば(落葉) = 낙엽

のばす(伸ばす) = 늘이다
はさむ(剪む) = (가지) 치다
たわむ(撓む) = 휘다
しぶい(渋い) = 떫다
ながれる(流れる) = 흐르다
にごる(濁る) = 흐려지다

やる(遣る) = (남에게) 주다
あさる(漁る) = 찾아다니다
かく(描く) = 그리다
あくどい(悪どい) = 야하다(칙칙하다)
みのる(実る) = 열매를 맺다

Step.5

お

[お] 'お'는 주로 '놀람'을 나타내는 뜻으로 쓰입니다.

* お! おどろいた(驚いた) = 오! 놀랐다

'おお'는 ❶ '암' '그래' 등으로 응답이나 승낙의 뜻

❷ 감탄 · 놀람

* おお, いいとも(良いとも) = 암, 좋고말고
* おお, いくとも(行くとも) = 암, 가고말고

* おお, あれはなんだ(あれは何だ) = 저건 뭐지?
* おお, かわいそうに(可哀想に) = 아아! 가엾어라

[尾] 꼬리

❶ 동물의 꼬리

* とりのお(鳥の尾) = 새의 꼬리
* おをふる(尾を振る) = 꼬리를 치다

❷ 꼬리와 비슷한 것

* すいせいのお(彗星の尾) = 혜성의 꼬리
* ぎょうれつのお(行列の尾) = 행렬의 꼬리
* ことばのお(言葉の尾) = 말꼬리

* たこのお(凧の尾) = 연의 꼬리

≪관용구≫

* ジェットきがおをひく(ジェット機が尾を引く)
   = 제트기가 꼬리를 끌다
* ろんぎはおをひきそうだ(論議は尾を引きそうだ)
   = 논의는 꼬리를 끌 것 같다
* おにおをつける(尾に尾を付ける)
   = 꼬리에 꼬리를 달다 (과장하여 말하다)
* やまのお(山の尾) = 산기슭이 길게 뻗은 곳
* おをみせる(尾を見せる) = 약점을 보이다

[男] 사나이

❶ 남자 ; 사나이

* しずのお(賤の男) = 천한 사내

* 男(お)のこ = 머슴
* ますら男(お) = 기운이 세고 키가 큰 사내

※ ますらお는 한자로 '丈夫'라고 씁니다.

❷ 둘 중에서 크고 센 쪽을 뜻하는 말로 쓰이기도 합니다.
　 그 반대는 め(女)

* 크고 힘차게 쏟아지는 폭포는 おだき(男滝)
  반대의 폭포는 めだき(女滝)
* 크고 거친 파도는 おなみ(男波)　반대는 めなみ(女波)
* 크고 센 대나무는 おのたけ(男の竹)　반대는 めのたけ(女の竹)

♣ 음독 'だん' 또는 'なん'

だんし(男子) = 남자　　　　だんじ(男児) = 남아
だんじょ(男女) = 남녀　　　だんせい(男性) = 남성
だんそう(男装) = 남장　　　だんゆう(男優) = 남우

なんしょく(男色) = 남색　　びなん(美男) = 미남

ちょうなん(長男) = 장남　　　　じなん(次男) = 차남

ぜんなんぜんにょ(善男善女) = 선남선녀

♣ 훈독　おとこ(男)

* おとこのなかのおとこ(男の中の男) = 남자 중의 남자
* おれもおとこだ(俺も男だ) = 나도 남자다
* いいおとこだ(良い男だ) = 멋진 사나이다
* おとこがたつ(男が立つ) = 남자로서의 체면이 서다

[雄] 수컷

❶ 동물의 수컷. 암컷은 め(雌)

* おうし(雄牛) = 황소　　　　めうし(雌牛) = 암소
* おじか(男鹿) = 수사슴　　　めじか(雌鹿) = 암사슴
* おんどり(雄鳥) = 수탉　　　めんどり(雌鳥) = 암탉

86 한 음절로 잡는 일본어

❷ おばな(雄花) = 식물의 수꽃　　　めばな(雌花) = 암꽃

♣ 훈독　おす(雄)

いぬのおす(犬の雄) = 수캐　　　おすのにわとり(雄の鶏) = 수탉
きじのおす(雉の雄) = 수꿩　　　ねずみのおす(鼠の雄) = 숫쥐

♣ 음독　ゆう(雄)

しゆう(雌雄) = 자웅　　　　　ゆうし(雄姿) = 웅자
ゆうそう(雄壮) = 웅장　　　　ゆうべん(雄弁) = 웅변
えいゆう(英雄) = 영웅　　　　かんゆう(奸雄) = 간웅
ぐんゆう(群雄) = 군웅　　　　ゆうだい(雄大) = 웅대
ゆうひ(雄飛) = 웅비

[小] 작은 ; 조금

❶ 작은

* おがわ(小川) = 가느다란 시냇물
* おぶね(小舟) = 작은 배

❷ 조금 ; 약간

* おぐらい(小暗い) = 조금 어둡다
* あめがおやみなくふる(雨が小止みなく降る)
  = 비가 조금도 쉬지 않고 내리다

♣ 다른 훈독 ちいさい(小さい) = 작다

* ちいさいむら(小さい村) = 작은 마을
* ちいさいこえ(小さい声) = 작은 목소리
* きぼがちいさい(規模が小さい) = 규모가 작다

* きがちいさくなる(気が小さくなる) = 소심해지다

[御] 다른 단어의 앞에 붙여서 사람과 사물에 대한 공손함이
나 조심스러움 또는 친숙한 기분을 나타내는 말.

* おたく(御宅) = 댁   おてがみ(御手紙) = 편지
  おにんぎょう(御人形) = 인형
* おからだをだいじにしてください(御体を大事にして下さい)
  = 몸조심하시기 바랍니다
* おでかけになる(御出掛けになる) = 외출하시다
* わたくしがおでんわします(私がお電話します)
  = 제가 전화드리겠습니다
* おきのどくさま(御気の毒様) = 참 안됐습니다
* おそまつさま(御粗末様) = 변변치 않습니다
* おつかれさま(御疲れ様) = 수고하셨습니다
* おまちどおさま(御待ち遠様) = 오래 기다리셨습니다

♣ 훈독은 'おん'입니다. 'お'보다 강한 존경·공손의 뜻을 나타내는 말로 격식을 차린 말입니다. 전근대 일본어에서 사용했으나 현대 일본어에서는 거의 사용하지 않습니다.

おんみ(御身) = 옥체   おんかたがた(御方方) = 여러 어르신네들
おんれい(御礼) = 사례의 말씀   おんいみな(御諱) = (귀인의) 존함

[緒] 실 ; 끈

❶ 실 또는 가는 끈

* はおりのお(羽織の緒) = 길이가 짧은 웃옷의 끈
* おをうつ(緒を打つ) = 끈을 꼬다
* かぶとのお(兜の緒) = 투구의 끈
* いきのお(息の緒) = 목숨

❷ 신발의 끈

* うんどうぐつのおをしめる(運動靴の緒を締める)
  = 운동화의 끈을 매다
* げたのおをすげる(下駄の緒を挿げる) = 나막신의 끈을 달다

❸ 악기의 줄. 거문고의 줄 = ことのお(琴の緒)

♣ 음독 しょ(緒)

しょげん(緒言) = 서언   しょせん(緒戦) = 서전
しょろん(緒論) = 서론   たんしょ(端緒) = 단서
ゆいしょ(由緒) = 유서   じょうしょ(情緒) = 정서

[汚] 더럽다 ; 추레하다

❶ 더러워지다

* おてんをのこす(汚点を残す) = 오점을 남기다
* たいきおせん(大気汚染) = 대기 오염
* おそんをふせぐ(汚損を防ぐ) = 더러워지는 것을 방지하다

❷ 더럽다

* おすいをはいしゅつする(汚水を排出する) = 오수를 배출하다
* おぶつしょりじょう(汚物処理場) = 오물처리장

❸ 더럽히다

* おめいをすすぐ(汚名を雪ぐ) = 오명을 씻다
* おしょくぎわく(汚職疑惑) = 비리 혐의

♣ 훈독 <u>よご</u>れる(汚れる) = 더러워지다

* きものがよごれる(着物が汚れる) = 옷이 더러워지다
* ながよごれる(名が汚れる) = 이름이 더럽혀지다
* こころのよごれたおとな(心の汚れた大人) = 마음이 때 묻은 어른
* よごれたかね(汚れた金) = 부정한 돈

kotoba

すいせい(彗星) = 혜성
ぎょうれつ(行列) = 행렬
たこ(凧) = 연
ろんぎ(論議) = 논의
たき(滝) = 폭포
しか(鹿) = 사슴
そまつ(粗末) = 변변치 않음
はおり(羽織) = 짧은 겉옷
かぶと(兜) = 투구
いき(息) = 숨

ふる(振る) = 흔들다
つける(付ける) = 붙이다
やむ(止む) = 쉬다
しめる(締める) = 죄다

うんどうぐつ(運動靴) = 운동화
こと(琴) = 거문고
おてん(汚点) = 오점
たいき(大気) = 대기
おせん(汚染) = 오염
はいしゅつ(排出) = 배출
おぶつ(汚物) = 오물
しょり(処理) = 처리
おしょく(汚職) = 오직
ぎわく(疑惑) = 의혹

すげる(箝げる) = 박다
のこす(残す) = 남기다
ふせぐ(防ぐ) = 막다
すすぐ(雪ぐ) = 설욕하다

Step.06

か

[か] 쓰임새는 크게 두 부분으로 나눌 수 있습니다.

❶ 문장의 맨 끝에 붙어, 우리말의 까, 인지, 일지 등과 같은 감각으로, 질문이나 의문의 뜻을 나타내는 경우. 일본어에서는 우리말에서 쓰는 의문부호를 붙이지 않고, 그 대신에 종지부 ' 。'를 붙입니다.

≪질문이나 의문의 뜻을 나타냄≫

* いすはどれですか(椅子は何れですか) = 의자는 어느 것입니까?
* これはあなたのですか(此れは貴方のですか)
  = 이것은 당신 것입니까?
* はたしてそうなるだろうか(果たしてそうなるだろうか)
  = 과연 그렇게 될까?

≪반어의 뜻을 나타냄≫

* こんなばかげたことがあるだろうか(こんな馬鹿げた事があるだろうか)
  = 이런 어이없는 일이 있단 말인가?
* こんなうれしいことがあるだろうか(こんな嬉しい事があるだろうか)
  = 이렇게 기쁜 일이 있단 말인가?

≪권유나 의뢰의 뜻을 나타냄≫

* そろそろでかけようか(そろそろ出掛けようか) = 슬슬 나서 볼까?
* いっしょにあそびにいかないか(一緒に遊びに行かないか)
  = 같이 놀러가지 않을래?
* まどをあけてもらおうか(窓を開けて貰おうか) = 창문을 열어줄래?

≪뜻밖의 일에 놀라움을 나타냄≫

* なんだ、おまえか(何だ、御前か) = 뭐야! (누군가 했더니) 자네인가?
* まだか、おそいよ(まだか、遅いよ) = 아직이야? 늦는데
* しまった、みちをまちがえたか(しまった、道を間違えたか)
　= 아차, 길을 잘못 들었나?

≪힐난의 뜻을 나타냄≫

* ほんとうにわからないのか(本当に分からないのか)
　= 정말 모른단 말인가?
* ともだちをたすけなかったのか(友達を助けなかったのか)
　= 친구를 돕지 않았단 말인가?

❷ 확실하지 않은 짐작이나 뜻 또는 둘 중 하나를 선택할 때, 우리말의 ~인지, ~인가 등의 감각으로, 불확실한 짐작을 나타내는 경우

≪불확실한 짐작을 나타냄≫

* びょうきのせいかかおいろがわるい(病気のせいか顔色が悪い)
　= 병 탓인지 안색이 나쁘다

6. か　97

* かぜをひいたの<u>か</u>さむけがする(風邪を引いたの<u>か</u>寒気がする)

= 감기에 걸렸는지 한기가 든다

≪불확실한 뜻을 나타냄≫

* いつ<u>か</u>のやくそく(いつ<u>か</u>の約束) = 언젠가의 약속
* なんねん<u>か</u>まえのできごと(何年<u>か</u>前の出来事)

 = 몇 년인가 전에 있었던 일
* どこから<u>か</u>とんできた(どこから<u>か</u>飛んで来た)

 = 어디서인지 날아왔다
* なに<u>か</u>のみたい(何<u>か</u>飲みたい) = 뭔가 마시고 싶다

≪양자택일의 뜻을 나타냄≫

* すき<u>か</u>きらい<u>か</u>はっきりしなさい(好き<u>か</u>嫌い<u>か</u>はっきりしなさい)

 = 좋은지 싫은지 분명히 하시오
* おいしい<u>か</u>どう<u>か</u>たべてみよう(美味しいかどうか食べてみよう)

 = 맛있는지 어떤지 먹어보자
* ふで<u>か</u>えんぴつ<u>か</u>でかいてください(筆か鉛筆かで書いて下さい)

 = 붓이나 연필로 써 주세요

[蚊] 모기

* かのなみだ(蚊の涙) = 모기의 눈물(새 발에 피)
* かのすね(蚊の臑) = 모기의 정강이(바싹 마른 정강이)
* かのなくようなこえ(蚊の鳴くような声)
  = 모기가 우는 것 같은 목소리(가냘픈 목소리)
* かのくうほどにもおもわない(蚊の食う程にも思わぬ)
  = 아무렇지도 않게 여기다

[香] 향기 ; 냄새

* うめのか(梅の香) = 매화의 향
* らんのか(蘭の香) = 난의 향
* こうすいのか(香水の香) = 향수 냄새
* いそのか(磯の香) = 바다 냄새
* きのか(木の香) = 목재 냄새

♣ 다른 훈독 <u>かおる</u>(香る) = 향기가 나다

* うめがかおる(梅が香る) = 매화 향기가 풍기다
* ばらのはながかおる(薔薇の花が香る) = 장미꽃 향기가 풍기다
* かぜかおるごがつ(風香る五月) = 바람도 향긋한 5월

♣ 음독 こう(香)

こうき(香気) = 향기　　　　　こうすい(香水) = 향수
こうそう(香草) = 향초　　　　こうみ(香味) = 향미
ほうこう(芳香) = 방향　　　　くんこう(薫香) = 훈향
こうろ(香炉) = 향로　　　　　しょうこう(焼香) = 소향(분향)
せんこう(線香) = 선향

[可] 옳다 ; 좋다

❶ 좋음

* えいようはかとする(栄養は可とする) = 영양은 좋다고 판정하다
* ぶんかつばらいもか(分割払いも可) = 분할지불도 좋음
* かであれふかであれ(可であれ不可であれ) = 가부간
* かもなくふかもなし(可も無く不可も無し)
  = 좋은 것도 없고 나쁜 것도 없다(평범함)

❷ 가능 ; 할 수 있다

* こうかんをかとする(交換を可とする) = 교환을 할 수 있다
* ぶんばいもか(分売も可) = 분매(나누어 파는 것)도 가능하다

≪한자어≫

かけつ(可決) = 가결   にんか(認可) = 인가
きょか(許可) = 허가   かのうせい(可能性) = 가능성

かしきょり(可視距離) = 가시거리

[課] 과정

❶ 사무 조직의 한 구분

* じんじかとけいりか(人事課と経理課) = 인사과와 경리과
* たのかにてんぞくする(他の課に転属する) = 다른 과로 전속하다

❷ 교과서 등의 한 단원

* つぎのかにすすむ(次の課に進む) = 다음 과로 나아가다
* まえのかでまなんだように(前の課で学んだように)
  = 앞 과에서 배운 대로
* まえのかのふくしゅう(前の課の復習) = 앞 과의 복습

[寡] 적음

* かよくしゅうをせいす(寡よく衆を制す)
 = 적은 것이 능히 많은 사람을 제압한다
* かをもってしゅうにあたる(寡を以て衆に当たる)
 = 소수로 다수에 맞서다

≪한자어≫

* かしょう(寡少) = 매우 적음
* きんがくのたかをとわない(金額の多寡を問わない)
 = 금액의 다과를 묻지 않는다
* かふになったじょせい(寡婦になった女性) = 과부가 된 여성

♣ '寡婦'라고 쓰고 'やもめ'라고 읽는 것이 일반적입니다.

[彼] 보통 'かれ'라고 읽고 '그'를 지칭하지만, 'か'라고 읽는 경우도 있습니다.

* なにもかも(何も彼も) = 이것저것 모두
* なんのかの(何の彼の) = 이것저것(여러 가지)
* なんでもかでも(何でも彼でも) = 무엇이나
* なにやかや(何や彼や) = 이러니저러니
* なんともかとも(何とも彼とも) = 무엇이라고도

[下] 아래 ; ～의 아래

* かはんしんがふじゆうだ(下半身が不自由だ) = 하반신이 불편하다
* みんしゅせいじかのこくみん(民主政治下の国民)
  = 민주 정치하의 국민
* たいふうかのきゅうしゅう(台風下の九州) = 태풍하의 규슈

≪한자어≫

かりゅう(下流) = 하류   てんか(天下) = 천하

かい(下位) = 하위   かめい(下命) = 하명

ちか(地下) = 지하   もんか(門下) = 문하

♣ '下'는 'げ'로 읽기도 합니다

げすい(下水) = 하수   じょうげ(上下) = 상하

げれつ(下劣) = 하열   げじょ(下女) = 하녀

げねつ(下熱) = 해열   げしゃ(下車) = 하차

げかん(下巻) = 하권   げじゅん(下旬) = 하순

げこう(下校) = 하교   げや(下野) = 하야

♣ 훈독 した(下) = 아래 ; 밑

* やねのした(屋根の下) = 지붕 밑
* したはいま(下は居間) = 아래는 거실
* したへおりる(下へ下りる) = 아래로 내려가다
* あによりみっつしただ(兄より三つ下だ) = 형보다 3살 아래다
* したにシャツをきる(下にシャツを着る) = 속에 셔츠를 입다

* ぶちょうのしたでしごとをする(部長の下で仕事をする)
  = 부장 밑에서 일하다

[化] ~이 되다

* つうぞくか(通俗化) = 통속화
* えいがか(映画化) = 영화화
* いっぱんかする(一般化する) = 일반화하다
* ぐたいかする(具体化する) = 구체화하다

≪한자어≫

かせき(化石) = 화석 　　ふうか(風化) = 풍화
かがく(化学) = 화학 　　りか(理化) = 이과
かせいひりょう(化成肥料) = 화성 비료

♣ '化'는 'け'로 읽기도 합니다

けしょう(化粧) = 화장   けしん(化身) = 화신   きょうけ(教化) = 교화

♣ 훈독 ばける(化ける) = 변신하다

* がくせいにばける(学生に化ける) = 학생으로 변장하다
* きつねがおんなにばける(狐が女に化ける)
  = 여우가 여자로 둔갑하다
* かぶがにばいにばけた(株が二倍に化けた)
  = 주식이 두 배로 뛰었다

[家] 집

❶ ~인 집(사람)

* せいじか(政治家) = 정치가   ざいさんか(財産家) = 재산가
  どりょくか(努力家) = 노력가   びしょくか(美食家) = 미식가

❷ ~을 직업으로 하는 사람

* おんがくか(音楽家) = 음악가   ひょうろんか(評論家) = 평론가
  しょうせつか(小説家) = 소설가   とうげいか(陶芸家) = 도예가

≪한자어≫

じんか(人家) = 인가   かおく(家屋) = 가옥
かぐ(家具) = 가구   かてい(家庭) = 가정
かけい(家系) = 가계   かもん(家門) = 가문

[過] 지나다 ; 지나치다 ; 죄

❶ 지나가다 ;　かかく(過客) = 과객   つうか(通過) = 통과
　　　　　　　かう(過雨) = 과우
❷ 지나치다 ;　かど(過度) = 과도   かげき(過激) = 과격
　　　　　　　かほご(過保護) = 과보호
❸ 때 지남 ;　かこ(過去) = 과거   かじつ(過日) = 과일, 지난 날

かはん(過般) = 과반 ; 지난번

❹ 잘못・죄 ; かご(過誤) = 과오   かしつ(過失) = 과실

　　　　　　ざいか(罪過) = 죄과

♣ 훈독 <u>すぎる</u>(過ぎる) = 지나다

* もんぜんをすぎる(門前を過ぎる) = 문 앞을 지나가다
* こっきょうをすぎる(国境を過ぎる) = 국경을 넘다
* たいふうがすぎる(台風が過ぎる) = 태풍이 지나가다
* ふゆがすぎる(冬が過ぎる) = 겨울이 지나다
* じょうだんがすぎる(冗談が過ぎる) = 농담이 지나치다
* ながすぎる(長すぎる) = 너무 길다
* いいすぎる(言い過ぎる) = 말이 지나치다

[科] 과목 ; 허물

❶ 등급・종류 ; がっか(学科) = 학과   しか(歯科) = 치과

　　　　　　 ぶんか(分科) = 분과

❷ 죄·허물 ： かりょう(過料) = 과료　　ぜんか(前科) = 전과
　　　　　　　ざいか(罪科) = 죄과

[歌] 노래

❶ 노래하다； かげき(歌劇) = 가극　　しょうか(唱歌) = 창가
　　　　　　 かしゅ(歌手) = 가수
❷ 노래·음률； かし(歌詞) = 가사　　かしゅう(歌集) = 가집
　　　　　　 こうか(校歌) = 교가

♣ 훈독 うたう(歌う) = 노래하다

* こうかをうたう(校歌を歌う) = 교가를 부르다
* とりがうたう(鳥が歌う) = 새가 노래하다
* そっきょうてきにうたう(即興的に歌う) = 즉흥적으로 노래하다
* げんきにうたう(元気に歌う) = 힘차게 부르다
* おおごえでうたう(大声で歌う) = 큰 소리로 노래하다

[仮] 가짜

かしょう(仮称) = 가칭   かせつ(仮説) = 가설
かてい(仮定) = 가정   かめん(仮面) = 가면
かみん(仮眠) = 가면(선잠)   かしゃない(仮借ない) = 가차 없다

♣ '仮'를 'け'로 읽기도 합니다

けびょう(仮病) = 꾀병   こけ(虚仮) = 거짓 ; 표리가 있음

♣ 훈독 かり(仮) = 임시

＊かりのな(仮の名) = 가명
＊かりのおや(仮の親) = 양부모
＊かりのたてもの(仮の建物) = 가건물
＊かりていりゅうじょ(仮停留所) = 임시 정류소
＊かりのやどり(仮の宿り) = 임시로 머무는 곳

 **kotoba**

かおいろ(顔色) = 얼굴색
さむけ(寒気) = 한기
うめ(梅) = 매화
らん(蘭) = 난초
こうすい(香水) = 향수
すね(臑) = 정강이
いそ(磯) = 해변
えいよう(栄養) = 영양
ぶんかつ(分割) = 분할
こうかん(交換) = 교환
じんじ(人事) = 인사
けいり(経理) = 경리

てんぞく(転属) = 전속
ふくしゅう(復習) = 복습
かしょう(寡少) = 과소
せんりょく(戦力) = 전력
きんがく(金額) = 금액
たか(多寡) = 다과(많고 적음)
やもめ(寡婦) = 과부
かはんしん(下半身) = 하반신
たいふう(台風) = 태풍
かりゅう(下流) = 하류
つうろ(通路) = 통로
もんか(門下) = 문하

 **kotoba**

やね(屋根) = 지붕
いま(居間) = 거실
つうぞく(通俗) = 통속
きつね(狐) = 여우
もんぜん(門前) = 문전

じょうだん(冗談) = 농담
こうか(校歌) = 교가
そっきょう(即興) = 즉흥
ていりゅうじょ(停留所)
　= 정류소

うれしい(嬉しい) = 기쁘다
ちがう(違う) = 다르다
おいしい(美味しい) = 맛있다
はらう(払う) = 지불하다

すすむ(進む) = 나아가다
あたる(当たる) = 당하다
うける(受ける) = 받다
きる(着る) = 입다

Step.6

탁음. が

[我] 자기 생각이나 의지 ; 아집

* ががつよい(我が強い) = 아집이 세다
* がをおる(我を折る) = 아집을 꺾다
* がをはる(我を張る) = 아집을 부리다

≪한자어≫

じが(自我) = 자아   がしゅう(我執) = 아집
がりがよく(我利我欲) = 사리사욕   がまん(我慢) = 참음, 아만
がでんいんすい(我田引水) = 아전인수

[駕] 탈것

* がをまげる(駕を枉げる) = 왕림하시다
* くもにがする(雲に駕する) = 하늘에 오르다
* あいてをがするいきおい(相手を駕する勢い) = 상대를 능가하는 기세

≪한자어≫

しゃが(車駕) = 거가   りょうが(凌駕) = 능가
らいが(来駕) = 내가
たいが(大駕) ; りゅうが(龍駕) = 임금이 타는 수레

[牙] 이 ; 보통 'きば'라고 읽으나 'が' 또는 'げ'로 읽기도
　　　합니다

しが(歯牙) = 치아　　　　　がほ(牙保) = 거간(중개)
どくが(毒牙) = 독아　　　　がじょう(牙城) = 아성
ぞうげ(象牙) = 상아

[瓦] 기와

がかい(瓦解) = 와해　　　　れんが(煉瓦) = 벽돌
がせき(瓦石) = 와석　　　　がれき(瓦礫) = 가치 없는 것
がらくた(瓦落多) = 잡동사니(허드레 물건)

[画] (그림) 그리다

がか(画家) = 화가　　　がちょう(画帖) = 화첩
へきが(壁画) = 벽화　　　ようが(洋画) = 양화
はんが(版画) = 판화　　　えいが(映画) = 영화

♣ '画'가 '구획하다'는 뜻으로 쓰일 때는 'かく'로 읽습니다

けいかく(計画) = 계획　　　くかく(区画) = 구획
かくさく(画策) = 획책　　　かくぜん(画然) = 획연
かくいつ(画一) = 획일　　　かくすう(画数) = 획수

[臥] 눕다

がびょう(臥病) = 와병　　　がりょう(臥竜) = 와룡

ぎょうが(仰臥) = 앙와   がしょう(臥床) = 와상

がしんしょうたん(臥薪嘗胆) = 와신상담

♣ 훈독 ふす(臥す) = 엎드리다

* ふしてなく(臥して泣く) = 엎드려서 울다
* ふしておがむ(臥して拝む) = 엎드려 절하다
* ふしてゆるしをこう(臥して許しを乞う) = 엎드려 용서를 빌다
* かぜでふす(風邪で臥す) = 감기로 자리에 눕다
* やまいのとこにふす(病の床に臥す) = 병상에 눕다
* くさにふす(草に臥す) = 풀숲에 엎드려 숨다
* やまかげにふす(山陰に臥す) = 산그늘에 숨다
* やいばにふす(刃に臥す) = 칼에 쓰러지다

[芽] (초록의) 싹

はつが(発芽) = 발아   はいが(胚芽) = 배아

ばくが(麦芽) = 맥아 　　しゅつが(出芽) = 출아
ようが(幼芽) = 유아 　　ほうが(萌芽) = 맹아

[賀] 축하하다

きょうが(恭賀) = 공하, 근하 　　きんが(謹賀) = 근하
けいが(慶賀) = 경하 　　しゅくが(祝賀) = 축하
ねんが(年賀) = 연하 　　がえん(賀宴) = 하연

[雅] 풍류 ; 바름 ; 넓음

がしゅ(雅趣) = 아취 　　せいが(清雅) = 청아
ゆうが(優雅) = 우아 　　ががく(雅楽) = 아악
がりょう(雅量) = 아량 　　がごう(雅号) = 아호

[餓] 굶주리다

がき(餓鬼) = 아귀 がし(餓死) = 아사
きが(飢餓) = 기아 がろう(餓狼) = 굶주린 늑대
がこ(餓虎) = 굶주린 호랑이

 **kotoba**

あいて(相手) = 상대 やまいのとこ(病の床) = 병상
いきおい(勢い) = 기세 やまかげ(山陰) = 산그늘
くさ(草) = 풀 やいば(刃) = 칼날

おる(折る) = 꺾다 なく(泣く) = 울다
はる(張る) = 펴다 おがむ(拝む) = 빌다
まげる(枉げる) = 굽히다 ゆるす(許す) = 용서하다
ふす(臥す) = 엎드리다 こう(乞う) = 빌다

Step. 7

き

[木] 나무 또는 목재

❶ 나무

* きをうえる(木を植える) = 나무를 심다
* きがしげる(木が茂る) = 나무가 우거지다
* にわのきをきる(庭の木を切る) = 뜰의 나무를 베다
* きのえだをおる(木の枝を折る) = 나뭇가지를 꺾다
* きがかれる(木が枯れる) = 나무가 죽다

* きのねがくさる(木の根が腐る) = 나무 밑이 썩다

❷ 재목

* きのか(木の香) = 목재의 향내
* きのもくめ(木の木目) = 목재의 나뭇결
* きのわくぐみ(木の枠組み) = 나무틀
* きでつくったいえ(木で造った家) = 나무로 지은 집
* きでできているつくえ(木で出来ている机) = 나무로 되어 있는 책상

≪관용구≫

* きからおちたさる(木から落ちた猿) = 나무에서 떨어진 원숭이
* きではなをくくる(木で鼻を括る) = 냉랭하게 대하다
* きにたけをつぐ(木に竹を接ぐ) = 나무에 대나무를 접붙이다
          (전혀 걸맞지 않다)
* きによりてうおをもとむ(木に縁りて魚を求む) = 연목구어(緣木求魚)
* きをみてもりをみず(木を見て森を見ず)
   = 나무를 보면서 숲을 못 보다
* きのみはもとへ(木のみは本へ)

= 모든 사물은 근본 원인으로 되돌아감
* きのかしら(木の頭) = (연극) 한 막이 끝날 때 치는 딱딱이의 첫 소리
* きのはし(木の端) = 하찮은 것

♣ 음독 ❶ ぼく(木)

ぼくせき(木石) = 목석　　　かぼく(花木) = 화목
きょぼく(巨木) = 거목　　　こぼく(古木) = 고목
こうぼく(香木) = 향목　　　ざつぼく(雑木) = 잡목
しんぼく(神木) = 신목　　　たいぼく(大木) = 대목
ばつぼく(伐木) = 벌목　　　ぼくとう(木刀) = 목도
こうぼく(坑木) = 갱목　　　どぼく(土木) = 토목

♣ 음독 ❷ もく(木)

もっこう(木工) = 목공　　　もくざい(木材) = 목재
もくせい(木製) = 목제　　　もくぞう(木造) = 목조
もくば(木馬) = 목마　　　　もくひ(木皮) = 목피
ざいもく(材木) = 재목　　　じゅもく(樹木) = 수목
そうもく(草木) = 초목

[気] 기운 ; 기 활동의 근원이 되는 힘. 매우 다양한 감각으로
사용합니다.

❶ 기운

* いんさんのき(陰惨の気) = 음산한 기운
* さつばつなき(殺伐な気) = 살벌한 기운
* やまのき(山の気) = 산에 어린 기운
* せいしゅんのき(青春の気) = 청춘의 생기
* あやしいきがただよう(怪しい気が漂う) = 수상한 기운이 감돌다

❷ 기 ; 기력

* きをくじく(気を挫く) = 기를 꺾다
* きがくじける(気を挫ける) = 기가 꺾이다
* きがつきる(気が尽きる) = 기력이 다하다

❸ 마음 ; 기분

* きのよわいおとこ(気の弱い男) = 마음이 약한 사내
* きがすすまない(気が進まない) = 마음이 내키지 않다
* きがしれない(気が知れない) = 속마음을 알 수 없다
* きがうきたつ(気が浮き立つ) = 마음이 들뜨다

❹ 정신

* きをうしなう(気を失う) = 정신을 잃다
* きがくるう(気が狂う) = 실성하다
* きをうばわれる(気を奪われる) = 정신이 팔리다
* きのぬけたかお(気の抜けた顔) = 얼이 빠진 얼굴

❺ 생각

* どうする気(き)だ = 어떻게 할 생각이냐?
* なにをする気(き)だ = 무엇을 할 생각이냐?
* やる気(き)がない = 할 생각이 없다

❻ 성미 ; 기질

きのいいひと(気のいい人) = 마음씨가 좋은 사람
きがみじかい(気が短い) = 성급하다
きがあらい(気が荒い) = 성질이 거칠다

≪관용구≫

* きがあう(気が合う) = 마음이 맞다
* きがおもい(気が重い) = 마음이 무겁다
* 気(き)が気(き)でない = 제 정신이 아니다
* きがつく(気が付く) = 생각이 나다
* きがとおくなる(気が遠くなる) = 정신이 아득해지다(까무러치다)
* きがみじかい(気が短い) = 성미가 급하다
* きにいる(気に入る) = 마음에 들다
* 気(き)になる = 마음에 걸리다
* きをくばる(気を配る) = 마음을 쓰다
* きをよくする(気を良くする) = 기분이 좋아지다
* きをわるくする(気を悪くする) = 기분을 상하다

≪한자어≫

❶ 기체　； きたい(気体) = 기체　　くうき(空気) = 공기
　　　　　　じょうき(蒸気) = 증기
❷ 가스체 ； きあつ(気圧) = 기압　　きおん(気温) = 기온
　　　　　　きこう(気候) = 기후
❸ 현상　； じき(磁気) = 자기　　でんき(電気) = 전기
　　　　　　きしょう(気象) = 기상
❹ 기운　； きしょう(気性) = 기성　きみ(気味) = 기미
　　　　　　げんき(元気) = 원기
❺ 정신　； きぶん(気分) = 기분　　きりょく(気力) = 기력
　　　　　　にんき(人気) = 인기

♣ 다른 음독　け(気)

けしき(気色) = 기색　　　　いやけ(嫌気) = 싫은 마음
どくけ(毒気) = 독기　　　　けはい(気配) = 기미 ; 낌새
あぶらけ(油気) = 기름기　　いろけ(色気) = 색기
さんけ(産気) = 산기(해산할 기미)　ひとけ(人気) = 인기척
みずけ(水気) = 물기　　　　ねむけ(眠気) = 졸음

さむけ(寒気) = 오한　　　　　　ゆげ(湯気) = 김 ; 수증기

[生] 순수함 ; 인공을 가하지 않음

* きのまま(気のまま) = 있는 그대로
* きむすめ(生娘) = 숫처녀
* きまじめ(生まじめ) = 진국, 올곧음
* きしょうゆ(生醬油) = 순간장
* きぐすり(生薬) = 생약
* きいと(生糸) = 생사
* ウイスキーをきでのむ(ウイスキーを生で飲む)
  = 위스키를 전내기로 마시다

♣ 다른 훈독 なま(生)

* なまのさかな(生の魚) = 날생선
* なまでたべる(生で食べる) = 날로 먹다
* なまのこえ(生の声) = 육성
* なまのおんがく(生の音楽) = 생음악
* なまのしりょう(生の資料) = 생생한 자료
* なまかじりのちしき(生齧りの知識) = 어설픈 지식

♣ 음독 せい(生)

せいぞん(生存) = 생존   せいぶつ(生物) = 생물

せいめい(生命) = 생명   よせい(余生) = 여생

えいせい(衛生) = 위생   せいしょく(生殖) = 생식

はせい(派生) = 파생   はっせい(発生) = 발생

せいき(生気) = 생기   せいと(生徒) = 생도

せいどう(生動) = 생동

せいせん(生鮮) = (야채나 생선 따위가)싱싱함, 신선함

[忌] 상중(喪中) ; 꺼리다

* きじつ(忌日) = 기일 ; 제삿날
* いっしゅうき(一周忌) = 일주기
* きがあける(忌が明ける) = 탈상하다

≪한자어≫

❶ 꺼리다 – きひ(忌避) = 기피   きんき(禁忌) = 금기
   きたん(忌憚) = 기탄
❷ 근신하다 – きちゅう(忌中) = 상중   きふく(忌服) = 기복
   きじつ(忌日) = 기일

♣ 훈독 いむ(忌む) = 꺼리다

* いみごと(忌み事) = 삼가야 할 일
* にくしょくをいむ(肉食を忌む) = 육식을 꺼리다
* ふせいをいむ(不正を忌む) = 부정을 미워하다

* しょうじんくんしをいむ(小人君子を忌む)
  = 소인은 군자를 싫어한다

[旗] 깃발

* たいかいき(大会旗) = 대회기
* しんごうき(信号旗) = 신호기

≪한자어≫

こっき(国旗) = 국기   こうき(校旗) = 교기
にっしょうき(日章旗) = 일장기   きしゅ(旗手) = 기수
きし(旗幟) = 기치   きか(旗下) = 휘하
はんき(叛旗) = 반기

♣ 훈독 はた(旗) = 깃발

* はたをあげる(旗を揚げる) = 기를 달다
* はたをおろす(旗を下ろす) = 기를 내리다
* はたをふる(旗を振る) = 기를 흔들다
* はたをまく(旗を巻く) = 기를 말다(계획을 중지하다 ; 항복하다)

[機] 시기 ; 계기

* このきに(この機に) = 이 기회에
* きをみて(機を見て) = 기회를 보아서
* きをうかがう(機を窺う) = 기회를 엿보다
* きがじゅくす(機が熟す) = 시기가 무르익다
* きにじょうずる(機に乗ずる) = 기회를 타다
* きをいっする(機を逸する) = 기회를 놓치다
* きをせいする(機を制する) = 기선을 제압하다

≪한자어≫

❶ 기계 – きき(機器) = 기기　　　きかい(機械) = 기계
　　　せんたくき(洗濯機) = 세탁기
❷ 기회 – きかい(機会) = 기회　　　きせん(機先) = 기선
　　　どうき(動機) = 동기
❸ 작용 – きのう(機能) = 기능　　　ゆうき(有機) = 유기
　　　きげん(機嫌) = 기분
❹ 비행기 – きちょう(機長) = 기장　きしゅ(機首) = 기수
　　　きしゅ(機種) = 기종

♣ 훈독　はた(機) = 베틀

＊はたをすえる(機を据える) = 베틀을 걸다
＊はたをおる(機を織る) = 베를 짜다

[記] 기록

* おもいでのき(思い出の記) = 회상기
* はなをみるき(花を見る記) = 관화기
* りょこうき(旅行記) = 여행기
* けんぶんき(見聞記) = 견문기
* こうかいき(航海記) = 항해기

≪한자어≫

きにゅう(記入) = 기입   きろく(記録) = 기록
こうき(後記) = 후기   とうき(登記) = 등기
あんき(暗記) = 암기   きおく(記憶) = 기억
きごう(記号) = 기호   にっき(日記) = 일기
きねん(記念) = 기념

♣ 훈독 しるす(記す) = 적다

* てちょうにしるす(手帳に記す) = 수첩에 적다
* なまえをしるす(名前を記す) = 이름을 적다
* こころにしるす(心に記す) = 마음속에 새기다(명심하다)

[期] 시기

* しけんき(試験期) = 시험 기간
* さんらんき(産卵期) = 산란기
* しょうねんき(少年期) = 소년기
* ひょうがき(氷河期) = 빙하기
* このきにかいけつする(この期に解決する) = 이번 기회에 해결하다
  あかつきをきしてしゅっぱつする(暁を期して出発する)
  = 새벽을 기다려 출발하다

≪한자어≫

きかん(期間) = 기간　　　　　きげん(期限) = 기한
えんき(延期) = 연기　　　　　がっき(学期) = 학기
ていき(定期) = 정기　　　　　まっき(末期) = 말기
きじつ(期日) = 기일　　　　　きたい(期待) = 기대
しょき(所期) = 소기　　　　　よき(予期) = 예기
きやく(期約) = 기약　　　　　にんき(任期) = 임기

♣ 다른 음독　ご(期)

さいご(最期) = 최후(임종)　　　しご(死期) = 죽을 때(임종)
いちご(一期) = 일생(생애)

 *kotoba*

わくぐみ(枠組み) = 틀
もくめ(木目) = 나뭇결
いんさん(陰惨) = 음산
さつばつ(殺伐) = 살벌
ふせい(不正) = 부정
しょうにん(小人) = 소인
くんし(君子) = 군자
おもいで(思い出) = 추억

りょこう(旅行) = 여행
けんぶん(見聞) = 견문
こうかい(航海) = 항해
てちょう(手帳) = 수첩
さんらん(産卵) = 산란
ひょうが(氷河) = 빙하
かいけつ(解決) = 해결
しゅっぱつ(出発) = 출발

しげる(茂る) = 우거지다
かれる(枯れる) = 마르다
くさる(腐る) = 썩다
くくる(括る) = 묶다 ; 매다
くじく(挫く) = 꺾다
ただよう(漂う) = 떠돌다
つまる(詰まる) = (숨이) 막히다

くばる(配る) = 쿤배하다
あける(明ける) = 밝아지다
あげる(揚げる) = 올리다
うかがう(窺う) = 엿보다
じゅくす(熟す) = 무르익다
いっする(逸する) = 놓치다
せいする(制する) = 제압하다

Step.7

탁음. ぎ

[偽] 거짓

ぎさく(偽作) = 위작   ぎしょう(偽証) = 위증

ぎぜん(偽善) = 위선   ぎぞう(偽造) = 위조

きょぎ(虚偽) = 허위   しんぎ(真偽) = 진위

♣ 훈독 <u>いつわる</u>(偽る) = 거짓말하다

* げんいんをいつわる(原因を偽る) = 원인을 거짓으로 말하다
* けいれきをいつわる(経歴を偽る) = 경력을 속이다
* はんじといつわる(判事と偽る) = 판사라고 속이다
* ひとをいつわる(人を偽る) = 남을 속이다
* いつわらぬじじつ(偽らぬ事実) = 거짓 없는 사실
* よのなかをいつわる(世の中を偽る) = 세상을 속이다
* いつわってちかう(偽って誓う) = 거짓 맹세하다

[技] 기술 ; 솜씨

ぎげい(技芸) = 기예　　　　ぎこう(技巧) = 기교

ぎじゅつ(技術) = 기술　　　ぎし(技師) = 기사

ぎりょう(技量) = 기량　　　きょうぎ(競技) = 경기

♣ 훈독 わざ(技) = 기법 ; 기술

* じゅうどうのわざ(柔道の技) = 유도의 기술
* ねわざ(寝技) = (유도) 굳히기
* わざをみがく(技を磨く) = 기술을 연마하다
* わざをきそう(技を競う) = 기술을 겨루다
* わざをかける(技を掛ける) = 기술을 걸다
* ぜつみょうなわざ(絶妙な技) = 절묘한 기술
* よしないわざ(由無い技) = 하찮은 재주

[義] 바른 도리 ; 뜻

ぎむ(義務) = 의무   ぎり(義理) = 의리
しんぎ(信義) = 신의   せいぎ(正義) = 정의
こうぎ(講義) = 강의   ていぎ(定義) = 정의

[儀] 의식 ; 사항

ぎしき(儀式) = 의식   ぎれい(儀礼) = 의례
ようぎ(容儀) = 태도와 자세   そうぎ(葬儀) = 장의
しゅくぎ(祝儀) = 축의   ぎょうぎ(行儀) = 행동거지

[議] 토의

ぎかい(議会) = 의회   ぎけつ(議決) = 의결
きょうぎ(協議) = 협의   しんぎ(審議) = 심의
こうぎ(抗議) = 항의   ていぎ(提議) = 제의

[疑] 의심하다

ぎもん(疑問) = 의문   ぎわく(疑惑) = 의혹

かいぎ(懐疑) = 회의   さいぎ(猜疑) = 시의(시기하고 의심함)
しつぎ(質疑) = 질의   ようぎ(容疑) = 용의

♣ 훈독 うたがう(疑う) = 의심하다

* めをうたがう(目を疑う) = 눈을 의심하다
* ひとをうたがう(人を疑う) = 사람을 의심하다
* じんかくをうたがう(人格を疑う) = 인격을 의심하다
* かれのじょうしきをうたがう(彼の常識を疑う)
  = 그의 상식을 의심하다
* かれのせいこうをうたがう(彼の成功を疑う)
  = 그의 성공을 의심하다
* うたがうよちがない(疑う余地がない) = 의심의 여지가 없다

[擬] 흉내내다

もぎ(模擬) = 모의   ぎせい(擬勢) = 허세

ぎじんほう(擬人法) = 의인법   ぎおん(擬音) = 의음
ぎせいご(擬声語) = 의성어   ぎたいご(擬態語) = 의태어

[戯] 희롱하다

ぎが(戯画) = 희화   ぎしょ(戯書) = 희서
あくぎ(悪戯) = (못된) 장난   じぎ(児戯) = 유치한 일
ゆうぎ(遊戯) = 유희   ぎきょく(戯曲) = 희곡

♣ 훈독 <u>たわむれる</u>(戯れる) = 장난치다 ; 놀다

* はなにたわむれるちょう(花に戯れる蝶) = 꽃에서 노는 나비
* こどもがたわむれている(子供が戯れている) = 아이가 놀고 있다
* ねこがまりにたわむれる(猫が鞠に戯れる)
  = 고양이가 공을 가지고 놀다
* おんなにたわむれる(女に戯れる) = 여자를 희롱하다
* たわむれながらあるく(戯れながら歩く) = 시시덕거리면서 걷다

[誼] 정분 ; 친밀감

きゅうぎ(旧誼) = 구의, 옛 정의　　こうぎ(交誼) = 교의, 교분
こうぎ(厚誼) = 후의　　　　　　　じょうぎ(情誼) = 정의, 친밀감
ゆうぎ(友誼) = 우의

[妓] 기생

げいぎ(芸妓) = 예기　　　　しょうぎ(娼妓) = 창기
びぎ(美妓) = 미기　　　　　ぶぎ(舞妓) = 무기
ろうぎ(老妓) = 노기　　　　ぎろう(妓楼) = 기루

 *kotoba*

げんいん(原因) = 원인
けいれき(経歴) = 경력
はんじ(判事) = 판사
じじつ(事実) = 사실
よのなか(世の中) = 세상
わざ(技) = 기술

いつわる(偽る) = 거짓말하다
ちかう(誓う) = 맹세하다
みがく(磨く) = 연마하다

じゅうどう(柔道) = 유도
ぜつみょう(絶妙) = 절묘
じんかく(人格) = 인격
じょうしき(常識) = 상식
せいこう(成功) = 성공
まり(鞠) = 공

きそう(競う) = 겨루다
うたがう(疑う) = 의심하다
たわむれる(戯れる) = 장난치다

Step.8

く

[区] 도시의 행정구획의 하나. 예를 들어 とうきょうと(東京都)
　　에는 다음과 같은 '区'가 있습니다.

しんじゅくく(新宿区)　　ぶんきょうく(文京区)
しぶやく(渋谷区)　　　　たいとうく(台東区)
あだちく(足立区)　　　　ちゅうおうく(中央区)
ちよだく(千代田区)　　　なかのく(中野区)
えどがわく(江戸川区)　　めぐろく(目黒区)
すみだく(墨田区)　　　　かつしかく(葛飾区)

≪한자어≫

くいき(区域) = 구역   ちく(地区) = 지구
がっく(学区) = 학구   くみん(区民) = 구민
くくのいけん(区区の意見) = 구구한 의견   くちょう(区庁) = 구청

[苦] 고생 ; 괴로움

* さんじゅうく(三重苦) = 삼중고
* くをなめる(苦を嘗める) = 고생을 겪다
* くにやむ(苦に病む) = 고민하다 ; 걱정하다
* 苦(く)になる = 마음에 걸리다
* 苦(く)もなく = 힘 안들이고
* くあればらくあり(苦あれば楽あり) = 고생이 있으면 즐거움이 있다
* くはらくのたね(苦は楽の種) = 고생 끝에 낙이 오다
* くのたいはらく(苦の対は楽) = 고생의 반대는 즐거움

≪한자어≫

くしょう(苦笑) = 고소   くせん(苦戰) = 고전

ろうく(勞苦) = 노고   くえき(苦役) = 고역

くつう(苦痛) = 고통   くのう(苦惱) = 고뇌

♣ 훈독 <u>く</u>るしい(苦しい) = 괴롭다

* くるしいたちば(苦しい立場) = 난처한 입장
* くるしいきもち(苦しい気持ち) = 괴로운 기분
* いきがくるしい(息が苦しい) = 숨이 답답하다
* むねがくるしい(胸が苦しい) = 가슴이 답답하다
* くらしがくるしい(暮しが苦しい) = 살림이 궁색하다

[句] 글의 구절 ; 하이쿠

* ごとく(語と句) = 낱말과 구

* かみのく(上の句) = 일본 전통 시가인 はいく(俳句)의 윗구
* にのく(二の句) = 하이쿠의 제2구
* くごころがうごく(句心が動く) = 시를 짓고 싶은 마음이 일어나다
* くをひねる(句を捻る) = 하이쿠를 짓다
* くかい(句会) = 하이쿠를 짓는 모임
* ほっく(発句) = 시가의 첫 귀

≪한자어≫

ごく(語句) = 어구　　　　　もんく(文句) = 문구
くとう(句読) = 구두　　　　くてん(句点) = 구점
きく(起句) = 기구　　　　　けっく(結句) = 결구

[駆] 몰다

くし(駆使) = 구사　　　　　くどう(駆動) = 구동
しっく(疾駆) = 질구(마구 달림)　せんく(先駆) = 선구
くじょ(駆除) = 구제　　　　くちく(駆逐) = 구축

♣ 훈독 かける(駆ける) = 뛰다 ; 전속력으로 달리다

* うまがかける(馬が駆ける) = 말이 뛰다
* こうやをかける(広野を駆ける) = 광야를 힘껏 달리다
* すあしになってかける(素足になって駆ける) = 맨발로 뛰다
* かけるうまにむちうつ(駆ける馬に鞭打つ) = 달리는 말에 채찍질하다

[懼] 두려워하다

いく(畏懼) = 외구　　　　　きく(危懼) = 위구
きょうく(恐懼) = 공구

♣ 훈독 <u>お</u>それる(恐れる) = 두려워하다

* てきをおそれる(敵を恐れる) = 적을 두려워하다
* こうなんをおそれる(後難を恐れる) = 후환을 두려워하다
* しをおそれる(死を恐れる) = 죽음을 두려워하다
* てんをおそれる(天を恐れる) = 하늘을 두려워하다
* ごうもおそれない(豪も恐れない) = 조금도 두려워하지 않다

 **kotoba**

たい(対) = 성질이 반대임
たちば(立場) = 입장
きもち(気持ち) = 기분
くらし(暮らし) = 생활

すあし(素足) = 맨발
むち(鞭) = 채찍
こうなん(後難) = 후환
ごうも(豪も) = 조금도

くるしい(苦しい) = 괴롭다
たのしい(楽しい) = 즐겁다
なめる(嘗める) = 핥다

やむ(病む) = 병들다
ひねる(捻る) = 비틀다
かける(駆ける) = 뛰다

Step.8

탁음. ぐ

[具] 갖추다 ; 도구

ぐたい(具体) = 구체   ぐび(具備) = 구비
ふぐ(不具) = 불구   かぐ(家具) = 가구
がんぐ(玩具) = 완구   きぐ(器具) = 기구

[愚] 어리석다

ぐどん(愚鈍) = 우둔   ぐみん(愚民) = 우민
ぐもん(愚問) = 우문   ぐれつ(愚劣) = 우열
ぐろう(愚弄) = 우롱   しゅうぐ(衆愚) = 중우

♣ 훈독 おろか(愚か) = 어리석음

* おろかなかんがえ(愚かな考え) = 어리석은 생각
* おろかなげんどう(愚かな言動) = 어리석은 언동
* おろかなふるまい(愚かな振る舞い) = 어리석은 행동
* おろかなおとこ(愚かな男) = 어리석은 남자
* いうにおろかなこと(言うに愚かな事) = 말하기조차 어리석은 일

Step.9

け

[け] 'た' 또는 'だ'와 합하여 'たっけ' 또는 'だっけ'의 꼴로
글에 붙습니다.

❶ 회상하면서 그것에 의한 확인 또는 동조하는 기분을 나타냄
 ; ~ 이었지

* そうだっ<u>け</u> = 그랬었지
* ふたりであそんだっ<u>け</u> = 곧잘 둘이서 놀았었지
* わたしはよくないたっ<u>け</u> = 나는 곧잘 울었었지

❷ 확인 형태로 묻거나 동의를 구하는 뜻을 나타냄 ; ~ 이라고 했던가? ~ 였던가?

* いちねんせいだっけ = 1학년생이라고 했던가?
* どこまではなしたっけ = 어디까지 이야기했던가?
* どなたでしたっけ = 누구시더라?

[毛] 털

❶ 털 ; 머리카락

* けぶかい(毛深い) = 털이 많다
* けがはえる(毛が生える) = 털이 나다
* けがぬける(毛が抜ける) = 털이 빠지다
* けがたつ(毛が立つ) = 털이 곤두서다
* けをむしる(毛を毟る) = 털을 잡아 뜯다
* けほどのこと(毛ほどの事) = 대수롭지 않은 일
* けをそめる(毛を染める) = 머리를 물들이다
* けおりもの(毛織物) = 모직물

* ひつじのけ(羊の毛) = 양털
* とりのけ(鳥の毛) = 새의 깃털
* こわいけ(強い毛) = 뻣뻣한 털
* 毛(け)ピン = 머리핀
* けぞめ(毛染め) = 머리 염색

❷ 솜털 ; 털 같이 생긴 것

* タンポポの毛(け) = 민들레의 솜털
* ブラシの毛(け) = 솔(브러시)

≪합성어≫

* けあな(毛穴) = 모공
* けうら(毛裏) = 안에 털을 댄 옷
* けがわ(毛皮) = 모피
* けすじ(毛筋) = 머리카락
* けぬき(毛抜き) = 족집게
* けむし(毛虫) = 쐐기

≪한자어≫

けむし(毛虫) = 쐐기   けがわ(毛皮) = (짐승의) 가죽
けぬき(毛抜) = 족집게   けいと(毛糸) = 털실
あかげ(赤毛) = 붉은 털   にこげ(和毛) = 솜털
わきげ(腋毛) = 액모(겨드랑이 털)   まゆげ(眉毛) = 눈썹

♣ 음독 もう(毛)

もうはつ(毛髪) = 모발   もうふ(毛布) = 모포
じゅんもう(純毛) = 순모   せんもう(繊毛) = 섬모
たいもう(体毛) = 체모   だつもう(脱毛) = 탈모
ようもう(羊毛) = 양모   ふもう(不毛) = 불모
にもうさく(二毛作) = 이모작

[気] 앞에서는 '気'를 'き'로 읽었는데, 기운, 기척, 조짐, 기미 등을 표현할 때는 'け'로 읽습니다.

* びょうきのけ(病気の気) = 병 기운
* かぜのけ(風邪の気) = 감기 기운
* ひのけ(火の気) = 불기운
* ひとけがない(人気がない) = 인기척이 없다
* いろけ(色気) = 교태
* ちゃめっ気(け) = 장난기
* しおけ(塩気) = (음식의) 짠 기
* ねむけ(眠気) = 졸음기

≪한자어≫

けはい(気配) = 낌새
いろけ(色気) = 색기
いやけ(嫌気) = 싫은 마음
しっけ(湿気) = 습기
かっけ(脚気) = 각기
ゆげ(湯気) = 김

けしき(気色) = 기색
ひとけ(人気) = 인기
どくけ(毒気) = 독기
あぶらけ(油気) = 기름기
わかげ(若気) = 젊은 혈기

[家] 집 ; 집안

앞에서는 '家'를 'か'로 읽었는데, 다음과 같은 경우에는 'け'로 읽습니다.

❶ ~ 집안, ~의 집 등으로 성이나 신분을 나타내는 말.

* しょうぐんけ(将軍家) = 쇼군의 집안
  くげ(公家) = 귀족의 집안
* ぶけ(武家) = 무사의 집안
  みやけ(宮家) = 천황 일족의 집안
* あべけ(安部家) = 아베씨 집안
  ほそかわけ(細川家) = 호소카와씨 집안

❷ 예술이나 예능 분야에서 한 유파를 이룬 집안을 칭할 때.

* おんようけ(陰陽家) = 음양가   せんけ(千家) = 센케

≪한자어≫

ほんけ(本家) = 본가　　　　　ぶんけ(分家) = 분가
そうけ(宗家) = 종가　　　　　りょうけ(両家) = 양가
ごけ(後家) = 미망인　　　　　くげ(公家) = 공가(귀족 가문)
しゅっけ(出家) = 출가　　　　たけ(他家) = 타가(남의 집)
とうけ(当家) = 당가(우리 집)
みやけ(宮家) = 천황의 일족으로 '宮'의 칭호가 있는 가문

◆ 千家는 일본 ちゃどう(茶道)를 완성한 센노 리큐(千利休)의 후손으로 일본 다도의 유파를 형성한 세 가문을 말합니다. おもてせんけ(表千家), うらせんけ(裏千家), むしゃのこうじせんけ(武者小路千家) 위 가문은 오늘날까지 일본 다도의 종가로 일컬어지고 있습니다.

♣ 훈독 いえ(家) = 집

* すむいえがない(住む家がない) = 살 집이 없다
* いえをたてる(家を建てる) = 집을 짓다
* けっこんしていえをもつ(結婚して家を持つ) = 결혼해서 가정을 갖다
* いえのざいさん(家の財産) = 집안의 재산
* いえをつぐ(家を継ぐ) = 가문을 계승하다

≪한자어≫

いえがら(家柄) = 가문(문벌)   いえすじ(家筋) = 집안의 혈통(가계)

いえぬし(家主) = 가장   いえやしき(家屋敷) = 집과 그 대지

いえくら(家蔵) = 곳간   いえどころ(家所) = 처소

いえじ(家路) = 귀로   いえで(家出) = 가출

いえもと(家元) = 한 유파의 정통을 잇는 가문

 **kotoba**

ほど(程) = 정도

おりもの(織物) = 직물

けむし(毛虫) = 쐐기

ひとけ(人気) = 인기척

いろけ(色気) = 교태

しょうぐん(将軍)
 = 막부(幕府)의 수장

くげ(公家) = 귀족 가문

はえる(生える) = 나다

ぬける(抜ける) = 빠지다

むしる(毟る) = 쥐어뜯다

そめる(染める) = 물들이다

ぬける(抜ける) = 뽑다

ねむる(眠る) = 잠자다

たてる(建てる) = 건축하다

つぐ(継ぐ) = 잇다

Step.10

こ

[子] 자식

❶ 자식 또는 그에 준하는 양자, 새끼, 알 등을 뜻합니다.

* ふたご(双子) = 쌍둥이   ままこ(まま子) = 의붓자식
  もらいご(もらい子) = 양자
* たらのこ(鱈の子) = 대구의 알
* めんたいこ(明太子) = 명란 젓(명태의 알로 담은 젓갈)
* こいも(子芋) = 새끼감자

* こをうむ(子を生む) = 자식(새끼)을 낳다
* さかながこをはらにもっている(魚が子を腹に持っている)
   = 물고기가 알을 배고 있다

❷ 아이 또는 소녀

* この子(こ) = 이 아이
* いたずらっこ(悪戯っ子) = 장난꾸러기
* きれいなこ(綺麗な子) = 예쁜 여자애

≪한자어≫

こだから(子宝) = (소중한) 자식   こども(子供) = 아이
おやこ(親子) = 부모와 자식   むすこ(息子) = 아들
うじこ(氏子) = 같은 씨족을 받드는 지역에 태어난 사람들

♣ 음독 し(子)

しそん(子孫) = 자손　　　こうし(孝子) = 효자
さいし(妻子) = 처자　　　ちょうし(長子) = 장자
ようし(養子) = 양자　　　くんし(君子) = 군자
しゅし(種子) = 종자　　　せいし(精子) = 정자
らんし(卵子) = 난자　　　げんし(原子) = 원자
でんし(電子) = 전자　　　ぶんし(分子) = 분자
りゅうし(粒子) = 입자　　りし(利子) = 이자
かし(菓子) = 과자　　　　こっし(骨子) = 골자
ひょうし(拍子) = 박자　　ぼうし(帽子) = 모자

[小] 체언이나 형용사 등에 붙어서 쓰입니다.

❶ 작다는 뜻

＊こまつ(小松) = 작은 소나무　　こじま(小島) = 작은 섬
　ことり(小鳥) = 작은 새

◆ 화투 칠 때의 '고토리'는 '작은 새'라는 뜻이 아닙니다. 새가 다섯 마리 즉, ごとり(五鳥)를 뜻합니다. (2월 매화에 一羽(いちわ), 4월 흑싸리에 一羽, 8월 공산 10끗짜리에 三羽(さんば) 합해서 다섯 마리이지요?

* こおとこ(小男) = 몸집이 왜소한 남자
* こまい(小舞) = 연극에서 짧게 추는 춤

❷ 근소한 ; 약간의 뜻

* こあめ(小雨) = 가랑비
* こがね(小金) = 약간의 돈
* こみみにはさむ(小耳に挟む) = 언뜻 듣다

❸ 못마땅한 기분을 나타냄

* こうるさい(小煩い) = 성가시다
* こにくらしい(小憎らしい) = 얄밉다

≪한자어≫

こがた(小型) = 소형   こさめ(小雨) = 가랑비

こぜに(小錢) = 잔돈   ことり(小鳥) = 작은 새

こいき(小粹) = 멋짐(맵시 있음)

♣ 음독 しょう(小)

しょうしん(小心) = 소심   しょうに(小兒) = 소아

きょうしょう(狹小) = 협소   じゃくしょう(弱小) = 약소

しゅくしょう(縮小) = 축소   だいしょう(大小) = 대소

ぐんしょう(群小) = 군소   わいしょう(矮小) = 왜소

しょうせい(小生) = 소생

[個] 단단하다

こしつ(個室) = 개실   こじん(個人) = 개인
こせい(個性) = 개성   こべつ(個別) = 개별
こたい(個体) = 개체   こてい(固定) = 고정
がんこ(頑固) = 완고   ころう(固陋) = 고루
けんご(堅固) = 견고

[股] 넓적다리

こかん(股間) = 고간(샅)   しこ(四股) = 사지
こかんせつ(股関節) = 고관절
ここう(股肱) = 고굉(군주를 돕는 중요한 신하)

♣ 훈독 また(股) = 가랑이

* きのまた(木の股) = 나무 가장귀(가지가 두 갈래로 갈라진 곳)
* ふたまたにわかれる(二股に分かれる) = 두 갈래로 갈라지다
* またをひろげる(股を広げる) = 가랑이를 벌리다

[虎] 범

こけつ(虎穴) = 호랑이굴(매우 위험한 곳) ここう(虎口) = 호구(호랑이 입)
びゃっこ(白虎) = 백호   もうこ(猛虎) = 맹호
りゅうこ(竜虎) = 용호
きこのいきおい(騎虎の勢い) = 기호지세(중도에서 그만둘 수 없는 형세)

♣ 훈독 とら(虎)

* とらのかわ(虎の皮) = 호랑이 가죽
* とらがたける(虎が哮る) = 호랑이가 포효하다
* とらのいをかりるきつね(虎の威を借りる狐)
  = 호랑이의 위세를 빌린 여우

[戸] 집

こがい(戸外) = 호외(집밖)　　もんこ(門戸) = 문호

こしゅ(戸主) = 호주　　　　　こすう(戸数) = 호수

こせき(戸籍) = 호적

こべつほうもん(戸別訪問) = 호별방문

[古] 옛날

こしょ(古書) = 고서　　　さいこ(最古) = 최고; 가장 오래됨
こだい(古代) = 고대　　　こてん(古典) = 고전
こらい(古来) = 고래　　　こふう(古風) = 고풍
かいこ(懐古) = 회고　　　たいこ(太古) = 태고
ふっこ(復古) = 복고

♣ 훈독 <u>ふる</u>い(古い) = 오래되다

* ふるいともだち(古い友達) = 오래 된 친구
* ふるいはなし(古い話) = 오래 된 이야기
* ふるいだんす(古い箪笥) = 낡은 장롱
* ふるいしそう(古い思想) = 낡은 사상

[呼] 부르다 ; 숨쉬다

こおう(呼応) = 호응　　　てんこ(点呼) = 점호
れんこ(連呼) = 연호　　　かんこ(歓呼) = 환호
こしょう(呼称) = 호칭　　こきゅう(呼吸) = 호흡

♣ 훈독　よぶ(呼ぶ) = 부르다

* なまえをよぶ(名前を呼ぶ) = 이름을 부르다
* いしゃをよぶ(医者を呼ぶ) = 의사를 부르다
* タクシをよぶ(タクシを呼ぶ) = 택시를 부르다
* はらんをよぶ(波瀾をを呼ぶ) = 파란을 일으키다
* かんどうをよぶ(感動を呼ぶ) = 감동을 불러일으키다

[孤] 외롭다

こじ(孤児) = 고아   ここう(孤高) = 고고, 시들어 마름
ことう(孤島) = 고도   こどく(孤独) = 고독
こりつ(孤立) = 고립   いこ(遺孤) = 유고(남겨진 자식)

[故] 옛날

こじ(故事) = 고사   こきょう(故郷) = 고향
ここく(故国) = 고국   こじん(故人) = 고인
こしょう(故障) = 고장   じこ(事故) = 사고

♣ 훈독 ゆえ(故) = 까닭

* それゆえに(其故に) = 그런고로
* あめのゆえに(雨の故に) = 비 때문에

* わけがそれなるゆえに(訳が其なる故に) = 사정이 그러한즉
* われおもう、ゆえにわれあり(我思う、故に我あり)
  = 나는 생각한다, 고로 나는 존재한다

[枯] 마르다

こし(枯死) = 고사　　　　　こぼく(枯木) = 고목(마른 나무)

こそう(枯草) = 고초(마른 풀)　　こかつ(枯渇) = 고갈

えいこせいすい(栄枯盛衰) = 영고성쇠

♣ 훈독 かれる(枯れる) = 마르다

* はながかれる(花が枯れる) = 꽃이 시들다
* よくかれたざいもく(良く枯れた材木) = 잘 마른 재목
* にんげんがかれる(人間が枯れる) = 인간이 원숙해지다
* げいがかれる(芸が枯れる) = 기예가 원숙해지다

[庫] 곳집

きんこ(金庫) = 금고   こっこ(国庫) = 국고
しゃこ(車庫) = 차고   しょこ(書庫) = 서고
そうこ(倉庫) = 창고   ほうこ(宝庫) = 보고

[湖] 호수

こすい(湖水) = 호수   こはん(湖畔) = 호반(호숫가)
こうこ(江湖) = 강호

♣ 훈독 みずうみ(湖) 호수

*うつくしいみずうみがある(美しい湖がある)
  = 아름다운 호수가 있다
*みずうみのぜんけい(湖の全景) = 호수의 전경

* みずうみをひとまわりする(湖を一回りする)
  = 호수를 한 바퀴 돌다

[雇] 고용하다

こよう(雇用) = 고용   かいこ(解雇) = 해고   こいん(雇員) = 고용원

♣ 훈독 <u>やとう</u>(雇う) = 고용하다

* にんぷをやとう(人夫を雇う) = 일꾼을 고용하다
* りんじにやとう(臨時に雇う) = 임시로 고용하다
* つりぶねをやとう(釣り船を雇う) = 낚싯배를 세내다

[誇] 자랑

こじ(誇示) = 과시   こだい(誇大) = 과대   こちょう(誇張) = 과장

♣ 훈독 <u>ほこ</u>る(誇る) = 뽐내다

* ちからをほこる(力を誇る) = 힘을 자랑하다
* かちをほこる(勝ちを誇る) = 승리를 뽐내다
* びぼうをほこる(美貌を誇る) = 미모를 자랑하다

[鼓] 북

だいこ(太鼓) = 북   こすい(鼓吹) = 고취
こてきたい(鼓笛隊) = 고적대   こどう(鼓動) = 고동
こまく(鼓膜) = 고막   こぶ(鼓舞) = 고무

♣ 훈독 つづみ(鼓) = 북

* つづみをうつ(鼓を打つ) = 북을 치다
* つづみのおと(鼓の音) = 북소리
* つづみをうちならす(鼓を打ち鳴らす) = 북을 울리다

[糊] 풀

こと(糊塗) = 호도; 어물어물 덮어 버림   もこ(模糊) = 모호
ここうのさく(糊口の策) = 호구지책

♣ 훈독 のり(糊) = 풀

* のりをつくる(糊を作る) = 풀을 쑤다
* のりをひく(糊を引く) = 풀을 바르다
* こののりはよくつく(この糊は良く付く) = 이 풀은 잘 붙는다

[顧] 돌아보다

いっこ(一顧) = 일고   こもん(顧問) = 고문
うこさべん(右顧左眄) = 우고좌면   こりょ(顧慮) = 고려
かいこ(回顧) = 회고   こきゃく(顧客) = 고객

♣ 훈독 **かえりみる**(顧みる) = 뒤돌아보다

* はいごをかえりみる(背後を顧みる) = 등뒤를 돌아보다
* おさないころをかえりみる(幼いころを顧みる)
  = 어린 시절을 회상하다
* れきしをかえりみる(歴史を顧みる) = 역사를 돌이켜보다

 *kotoba*

たら(鱈) = 대구
めんたい(明太) = 명태
いたずら(悪戯) = 장난
きつね(狐) = 여우
ともだち(友達) = 친구
だんす(箪笥) = 장롱
しそう(思想) = 사상

はらん(波瀾) = 파란
かんどう(感動) = 감동
にんげん(人間) = 인간
ぜんけい(全景) = 전경
にんぷ(人夫) = 일꾼
りんじ(臨時) = 임시
つりぶね(釣り船) = 낚싯배

まう(舞う) = 춤추다
はさむ(挟む) = 끼우다
うるさい(煩い) = 시끄럽다
にくらしい(憎らしい) = 밉다

ひろげる(広げる) = 벌리다
たける(哮る) = 포효하다
ならす(鳴らす) = 울리다
おさない(幼い) = 어리다

Step.10

탁음. ご

[五] 다섯

ごかん(五感) = 오감   ごこく(五穀) = 오곡

ごしき(五色) = 오색   ごぞう(五臓) = 오장

ごりん(五輪) = 오륜   ごこう(五更) = 오경

[互] 서로

ごかく(互角) = 호각   こうご(交互) = 교호
ごかん(互換) = 호환   ごじょ(互助) = 호조
ごせん(互選) = 호선   そうご(相互) = 상호

♣ 훈독 <u>たが</u>い(互い) = 서로 ; 교대로

* たがいにしらせる(互いに知らせる) = 서로 알리다
* たがいにはなしあう(互いに話し合う) = 서로 상의하다
* たがいにたすけあう(互いに助け合う) = 서로 돕다
* たがいによろこぶ(互いに喜ぶ) = 서로 기뻐하다
* たがいにののしりあう(互いに罵り会う) = 서로 욕질하다

[午] 오

ごぜん(午前) = 오전　　　しょうご(正午) = 정오
ごご(午後) = 오후　　　　ごさん(午餐) = 오찬
ごすい(午睡) = 오수　　　たんご(端午) = 단오

[伍] 다섯 사람(집)

たいご(隊伍) = 대오　　　らくご(落伍) = 낙오
れつご(列伍) = 대오　　　ごちょう(伍長) = 오장
じんご(陣伍) = 진오(군대의 대열)

[後] 나중

はいご(背後) = 배후　　　ごじつ(後日) = 후일

いご(以後) = 이후   さいご(最後) = 최후

ろうご(老後) = 노후   しご(死後) = 사후

♣ '後'는 'こう'로 읽기도 합니다

こうえん(後援) = 후원   こうぞく(後続) = 후속

こうたい(後退) = 후퇴   こうかい(後悔) = 후회

こうけい(後継) = 후계   こうにん(後任) = 후임

こうはい(後輩) = 후배   こうはん(後半) = 후반

こうしんこく(後進国) = 후진국

[悟] 깨닫다

ごどう(悟道) = 오도   かいご(悔悟) = 회오

かいご(開悟) = 개오   かくご(覚悟) = 각오

たいご(大悟) = 대오   とんご(頓悟) = 돈오

♣ 훈독 さとる(悟る) = 깨닫다

* おろかさをさとる(愚かさを悟る) = 어리석음을 깨닫다
* けはいをさとる(気配を悟る) = 낌새를 알아채다
* おやのほんしんをさとる(親の本心を悟る)
  = 부모의 진의를 알아채다
* あいてのしたごころをさとる(相手の下心を悟る)
  = 상대의 속내를 알아채다
* しんいをさとる(真意を悟る) = 참뜻을 깨닫다
* むじょうをさとる(無常を悟る) = 무상을 깨닫다
* そつぜんとさとる(卒然と悟る) = 문득 깨닫다

[碁] 바둑

いご(囲碁) = 바둑   　　ごばん(碁盤) = 바둑판
ごかい(碁会) = 기회(바둑 모임)   じご(持碁) = 비긴 바둑
ごいし(碁石) = 바둑돌   　　あいご(相碁) = 호선(맞바둑)

[語] 말

ごがく(語学) = 어학　　　　ごほう(語法) = 어법
ごい(語彙) = 어휘　　　　　いんご(隠語) = 은어
けいご(敬語) = 경어　　　　たんご(単語) = 단어
じゅくご(熟語) = 숙어　　　じゅつご(述語) = 술어
ぞくご(俗語) = 속어

♣ 훈독 <u>か</u>たる(語る) = 말하다

* いちぶしじゅうをかたる(一部始終を語る) = 자초지종을 말하다
* こころのうちをかたる(心の内を語る) = 심중을 이야기하다
* ひゆでかたる(比喩で語る) = 비유로 말하다
* たんたんとかたる(淡淡と語る) = 담담히 말하다
* しんじつをかたる(真実を語る) = 진실을 말하다

[誤] 잘못

ごかい(誤解) = 오해   ごさ(誤差) = 오차
ごじ(誤字) = 오자   かご(過誤) = 과오
さくご(錯誤) = 착오   せいご(正誤) = 정오

♣ 훈독 <u>あや</u>まる(誤る) = 틀리다

* こたえをあやまる(答えを誤る) = 답을 틀리다
* じんせんをあやまる(人選を誤る) = 인선을 잘못하다
* みちをあやまる(道を誤る) = 길을 잘못 들다
* はんだんをあやまる(判断を誤る) = 판단을 그르치다
* ほんまつをあやまる(本末を誤る) = 본말을 그르치다
* みをあやまる(身を誤る) = 신세를 망치다

[護] 지키다

ごえい(護衛) = 호위　　　ごそう(護送) = 호송
あいご(愛護) = 애호　　　えんご(援護) = 원호
かんご(看護) = 간호　　　けいご(警護) = 경호
ひご(庇護) = 비호　　　　べんご(弁護) = 변호
ほご(保護) = 보호

 **kotoba**

たがいに(互いに) = 서로
おろか(愚か) = 어리석음
けはい(気配) = 낌새
ほんしん(本心) = 본심
したごころ(下心) = 속내
しんい(真意) = 진의

むじょう(無常) = 무상
ひゆ(比喩) = 비유
しんじつ(真実) = 진실
じんせん(人選) = 인선
はんだん(判断) = 판단
ほんまつ(本末) = 본말

たすける(助ける) = 돕다
よろこぶ(喜ぶ) = 기뻐하다
ののしる(罵る) = 매도하다

さとる(悟る) = 깨닫다
かたる(語る) = 말하다
あやまる(誤る) = 틀리다

Step.11

さ

[差] 차 ; 차이

* いってんのさ(一点の差) = 한 점의 차
* さがでる(差が出る) = 차이가 나다
* てんちのさ(天地の差) = 하늘과 땅 차이
* うんでいのさ(雲泥の差) = 천양지차
* ごうもうのさ(毫毛の差) = 극히 미미한 차
* こじんさ(個人差) = 개인차
* じつりょくにさがある(実力に差がある) = 실력에 차이가 있다

≪한자어≫

さい(差異) = 차이   さべつ(差別) = 차별
かくさ(格差) = 격차   ごさ(誤差) = 오차
じさ(時差) = 시차   らくさ(落差) = 낙차

♣ 훈독 さす(差す) = 가리다 ; 나타나다 ; 가리키다

* かさをさす(傘を差す) = 우산을 쓰다
* かげがさす(陰が差す) = 그림자가 지다
* しょこうがさす(曙光が差す) = 서광이 비치다
* ゆびをさす(指を差す) = 손가락질하다

[小] 명사 앞에 붙여서 작은 것을 미화하는 감각으로 사용함. 한자로 '狹' 자를 사용하기도 합니다. 백합은 ゆり(百合)인데, さゆり(小百合)라고 하면 더욱 예쁘고 우아한 백합이라는 뜻. 밤은 よる(夜)인데, さよ(小夜)라고 하면 더욱 우아하게 느껴지

는 밤이라는 뜻이 됩니다.

* さえだ(小枝) = 잔가지
* さざなみ(小波) = 잔물결
* さおじか(小雄鹿) = 작은 수사슴

[早] 명사 앞에 붙여서 사용합니다.

❶ '이르다' '어리다'의 뜻. 모종 특히 볏모는 なえ(苗)인데, さなえ(早苗)라고 하면 못자리에서 막 옮겨 심을 무렵의 어린 볏모를 뜻합니다. 고사리는 わらび(蕨)인데, さわらび(早蕨)라고 하면 새싹이 갓 나온 어린 고사리를 말합니다. 참고로 さっきゅう(早急)는 '몹시 급하다', さっそく(早速)는 '즉시'라는 뜻입니다.

❷ 음력 5월과 관계가 깊은 말에 사용합니다. 음력 5월さつき(早月), 5월 장마를 早みだれ라고 합니다. 장마는 원래 6월 중순에 시작되는데, 그보다 이른 시기에 시작되었다는 의미로 '早' 자를 붙인 것으로 여겨집니다. 참고로 さみだれ는 '五月雨'라고 쓰기도 합니다. 처녀를 さ

おとめ(早乙女)라고 합니다. 원래 さおとめ는 '모내기 하는 처녀'를 이르는 말이었습니다. 그래서 さおとめ를 '五月少女'라고도 씁니다. 그 말이 변화하여 일반적인 처녀나 소녀를 뜻하게 되었습니다.

* うつくしいさおとめ(美しい早乙女) = 아리따운 아가씨
* さわらび(早蕨) = 새싹이 갓 나온 고사리

♣ 훈독 <u>はや</u>い(早い) = (시간) 이르다

* ねるにははやい(寝るには早い) = 자기에는 이르다
* にゅうがくがいちねんはやい(入学が一年早い) = 입학이 1년 빠르다
* じっぷんほどはやい(十分程早い) = 10분정도 빠르다
* りかいがはやい(理解が早い) = 이해가 빠르다

[左] 왼쪽

させつ(左折) = 좌회전   さゆう(左右) = 좌우
させん(左遷) = 좌천   しょうさ(証左) = 증좌
さけい(左傾) = 좌경   さよく(左翼) = 좌익
きょくさ(極左) = 극좌   さちゅうかん(左中間) = 좌중간

♣ 훈독 ひだり(左)

* ひだりきき(左利き) = 왼손잡이
* ひだりからにばんめ(左から二番目) = 왼쪽에서 두 번째
* あたまをひだりにむける(頭を左に向ける)
    = 머리를 왼쪽으로 돌리다
* ひだりのじんえい(左の陣営) = 좌익 진영

[些] 적다

ささい(些細) = 사세(하찮음)   さじ(些事) = 사사(쓸데없는 일)
さしょう(些少) = 사소

♣ 훈독 いささか(些か) = 조금 ; 약간

* いささかおどろいた(些か驚いた) = 조금 놀랐다
* いささかもにていない(些かも似ていない) = 조금도 안 닮았다
* いささかのうたがいもない(些かの疑いもない) = 조금도 혐의가 없다

[佐] 돕다

ほさ(補佐) = 보좌   おうさ(王佐) = 왕좌(왕을 보좌함)
たいさ(大佐) = 대좌(대령)

[査] 밝히다

かんさ(監査) = 감사 　　　けんさ(検査) = 검사
しんさ(審査) = 심사 　　　そうさ(捜査) = 수사
ちょうさ(調査) = 조사 　　とうさ(踏査) = 답사

[砂] 모래

さきゅう(砂丘) = 사구 　　さぼう(砂防) = 사방
ねっさ(熱砂) = 열사 　　　さきん(砂金) = 사금
さてつ(砂鉄) = 사철 　　　さとう(砂糖) = 사탕

[詐] 속이다

さぎ(詐欺) = 사기 　　　　さしゅ(詐取) = 사취

かんさ(奸詐) = 간사

[鎖] (쇠)사슬

てっさ(鉄鎖) = 철쇄　　　れんさ(連鎖) = 연쇄
さやく(鎖鑰) = 쇄약(자물쇠와 열쇠)　　さこく(鎖国) = 쇄국
ふうさ(封鎖) = 봉쇄　　　へいさ(閉鎖) = 폐쇄

♣ 훈독　くさり(鎖) (쇠)사슬

* いんがのくさり(因果の鎖) = 인과의 사슬
* くさりでつなぐ(鎖で繋ぐ) = 쇠사슬로 묶다
* くさりをはずす(鎖を外す) = 쇠사슬을 풀다
* くさりをたつ(鎖を絶つ) = 쇠사슬을 끊다

[作] 짓다 ; 만들다

さぎょう(作業) = 작업　　　さよう(作用) = 작용
そうさ(操作) = 조작　　　　どうさ(動作) = 동작
ほっさ(発作) = 발작　　　　さほう(作法) = 작법(법식 ; 관습)
れいぎさほう(礼儀作法) = 예의범절
ぶけのさほう(武家の作法) = 무사 가문의 관례

♣ '作'는 'さく'로 읽는 경우가 많습니다

さくしゃ(作者) = 작자　　　さくせい(作成) = 작성
さくひん(作品) = 작품　　　こうさく(工作) = 공작
せいさく(製作) = 제작　　　そうさく(創作) = 창작
けっさく(傑作) = 걸작　　　せっさく(拙作) = 졸작
めいさく(名作) = 명작　　　さくい(作為) = 작위
さくせん(作戦) = 작전　　　こうさく(耕作) = 경작

♣ 훈독 <u>つく</u>る(作る) = 만들다

* つくえをつくる(机を作る) = 책상을 만들다
* かいしゃをつくる(会社を作る) = 회사를 세우다
* こうじつをつくる(口実を作る) = 구실을 만들다
* ほんをつくる(本を作る) = 책을 만들다

 *kotoba*

うんでい(雲泥) = 대단한 차이
ごうもう(毫毛) = 매우 조금
しょこう(曙光) = 서광
なえ(苗) = 모종
わらび(蕨) = 고사리
さっそく(早速) = 즉시

さつき(早月) = 음력 5월
にゅうがく(入学) = 입학
りかい(理解) = 이해
じんえい(陣営) = 진영
いんが(因果) = 인과
こうじつ(口実) = 구실

おどろく(驚く) = 놀라다
にる(似る) = 닮다
うたがう(疑う) = 의심하다

つなぐ(繋ぐ) = 묶다
はずす(外す) = 벗기다
たつ(絶つ) = 끊다

Step.11

탁음. ざ

[座] 자리

ざせき(座席) = 좌석　　　　ざぜん(座禅) = 좌선
おうざ(王座) = 왕좌　　　　こうざ(講座) = 강좌
じょうざ(上座) = 상좌　　　せいざ(正座) = 정좌

♣ 훈독 すわる(座る) = 앉다

* いすにすわる(椅子に座る) = 의자에 앉다
* あとがまにすわる(後釜に座る) = 후임 자리에 앉다
* しゃちょうのいすにすわる(社長の椅子に座る) = 사장 자리에 앉다
* くびがすわる(首が座る) = 목을 가누다

[挫] 꺾다

ねんざ(捻挫) = 염좌(관절을 뼘)　　ざしょう(挫傷) = 좌상
ざこつ(挫骨) = 접질림　　　　　　 ざせつ(挫折) = 좌절
とんざ(頓挫) = 돈좌(중도 좌절)　　ざめつ(挫滅) = 으스러짐

[坐] 자리 ; 앉다

ざぞう(坐像) = 좌상   せいざ(静坐) = 정좌
ざが(坐臥) = 좌와(일상생활)   ざし(坐視) = 좌시
れんざ(連坐) = 연좌   きざ(跪坐) = 궤좌(꿇어앉음)

Step.12

し

[士] 무사 ; 선비

조선에서 '士'는 인품이 고결하고 유학적 교양을 갖춘 ぶんし(文士) 또는 위정자를 뜻하는 말입니다. 그러나 일본의 위정자는 ぶし(武士)였고, 일본인은 武士를 '士'라고 칭했습니다.

しのうこうしょう(士農工商)라는 しょくぶん(職分) 관념도 그대로 사용했습니다. 文士의 이미지도 그대로 남아있습니다.

* こうがくのし (好学の士) = 글을 좋아하는 학자
* ぶんがくし (文学士) = 문학사
* ぎし (義士) = 의사　　　　ゆうし (勇士) = 용사

변호사 べんごし (弁護士), 계리사 けいりし (計理士) 등으로 '士' 자를 사용합니다. 計理士는 우리나라의 かいけいし (会計士)입니다.

≪한자어≫

ぎし (義士) = 의사　　　　しし (志士) = 지사
めいし (名士) = 명사　　　がくし (学士) = 학사
きし (騎士) = 기사　　　　しき (士気) = 사기
しかん (士官) = 사관　　　へいし (兵士) = 병사
ゆうし (勇士) = 용사

[死] 죽음

* きゅうしにいっしょう(九死に一生) = 구사일생
* しをおそれる(死を恐れる) = 죽음을 두려워하다
* しをかくごする(死を覚悟する) = 죽음을 각오하다
* しをえらぶ(死を選ぶ) = 죽음을 택하다
* しをまえにする(死を前にする) = 죽음을 앞두다
* しにいたる(死に至る) = 죽음에 이르다
* しをなげく(死を嘆く) = 죽음을 슬퍼하다
* しのしょうにん(死の商人) = 죽음의 상인
* しのはい(死の灰) = 죽음의 재

≪한자어≫

しぼう(死亡) = 사망　　きゅうし(急死) = 급사
じょうし(情死) = 정사　　せいし(生死) = 생사
びょうし(病死) = 병사　　へんし(変死) = 변사
しとう(死闘) = 사투　　ししゅ(死守) = 사수
しせん(死線) = 사선

[史] 역사

* しになをとどめる(史に名を留める) = 역사에 이름을 남기다
* しをひもとく(史を繙く) = 역사책을 읽다

≪한자어≫

しがく(史学) = 사학　　　　しげき(史劇) = 사극
しじつ(史実) = 사실　　　　しせき(史跡) = 사적
つうし(通史) = 통사　　　　れきし(歴史) = 역사

[師] 스승 ; 군대

* しのおん(師の恩) = 스승의 은혜
* しとしてあおぐ(師として仰ぐ) = 스승으로 우러르다
* もんざいのし(問罪の師) = 죄를 묻기 위해 보내는 군대
* しをおこす(師を起こす) = 군사를 일으키다

≪한자어≫

してい(師弟) = 사제   しはん(師範) = 사범
おんし(恩師) = 은사   きょうし(教師) = 교사
こうし(講師) = 강사   ぼくし(牧師) = 목사
いし(医師) = 의사   しだん(師団) = 사단
すいし(出師) = 출사(출병)

[市] 시 ; 번화한 거리

* しのぎょうせい(市の行政) = 시의 행정
* しのちゅうしんぶ(市の中心部) = 시의 중심부
* しにしょうかくする(市に昇格する) = 시로 승격하다

≪한자어≫

しじょう(市場) = 시장   しがい(市街) = 시가
とし(都市) = 도시   しえい(市営) = 시영

しちょう(市長) = 시장　　　　しみん(市民) = 시민

[志] 뜻

* しをつぐ(志を継ぐ) = 뜻을 잇다
* しをえる(志を得る) = 뜻을 얻다
* しをたてる(志を立てる) = 뜻을 세우다

≪한자어≫

しがん(志願) = 지원　　　　しこう(志向) = 지향
しぼう(志望) = 지망　　　　いし(意志) = 의지
しょし(初志) = 초지　　　　どうし(同志) = 동지

[詩] 시

* しをつくる(詩を作る) = 시를 짓다
* しにべっさいあり(詩に別才あり) = 시재(詩才)는 따로 있다

≪한자어≫

しじょう(詩情) = 시정　　　　ししん(詩心) = 시심
しじん(詩人) = 시인　　　　かんし(漢詩) = 한시
やくし(訳詩) = 역시　　　　さんぶんし(散文詩) = 산문시

[試] 시험

* しにおうずる(試に応ずる) = 응시하다
* しうんてん(試運転) = 시운전

≪한자어≫

しけん(試験) = 시험
こうし(考試) = 고시
しあい(試合) = 시합

ししょく(試食) = 시식
にゅうし(入試) = 입시
しきんせき(試金石) = 시금석

[資] 밑천

* しをとうずる(資を投ずる) = 투자하다
* じぎょうのし(事業の資) = 사업 밑천
* てんよのし(天与の資) = 타고난 자질

≪한자어≫

しきん(資金) = 자금
しほん(資本) = 자본
ぶっし(物資) = 물자
しざい(資材) = 자재

しさん(資産) = 자산
とうし(投資) = 투자
ゆうし(融資) = 융자
しりょう(資料) = 자료

ししつ(資質) = 자질

[私] 개인의 ; 개인적인

* しせいかつ(私生活) = 사생활(개인의 생활)
* しじ(私事) = 사사(개인의 일)
* しりしよく(私利私欲) = 사리사욕
* こうへいむし(公平無私) = 공평무사
* めっしほうこう(滅私奉公) = 멸사봉공

≪한자어≫

しがく(私学) = 사학   しじょう(私情) = 사정
しよく(私欲) = 사욕   しりつ(私立) = 사립
こうし(公私) = 공사   むし(無私) = 무사

[使] 사자 ; 사절

* けんとうのし(遣唐の使) = 견당사(일본에서 당나라로 보낸 사절)
* いもんし(慰問使) = 위문사
* へいわしせつだん(平和使節団) = 평화사절단

≪한자어≫

しよう(使用) = 사용   くし(駆使) = 구사
こうし(行使) = 행사   ししゃ(使者) = 사자
しめい(使命) = 사명   とくし(特使) = 특사

[子] 자식

しそん(子孫) = 자손   こうし(孝子) = 효자
さいし(妻子) = 처자   ようし(養子) = 양자
くんし(君子) = 군자   こうし(孔子) = 공자

しゅし(種子) = 종자 　　　げんし(原子) = 원자
りゅうし(粒子) = 입자 　　りし(利子) = 이자
かし(菓子) = 과자 　　　　こっし(骨子) = 골자
さっし(冊子) = 책자 　　　ぼうし(帽子) = 모자
しごせん(子午線) = 자오선

♣ '子'를 'す'로 읽기도 합니다

いす(椅子) = 의자 　　　　きんす(金子) = 돈(화폐)
せんす(扇子) = (접는) 부채 ようす(様子) = 모양(상태)
りんず(綸子) = 무늬를 넣어 짠 비단

[支] 버티다

してん(支店) = 지점 　　　しぶ(支部) = 지부
きかんし(気管支) = 기관지 しきゅう(支給) = 지급
ししゅつ(支出) = 지출 　　しはい(支配) = 지배

12. し 215

しえん(支援) = 지원   しじ(支持) = 지지
ししょう(支障) = 지장

♣ 훈독 ささえる(支える) = 떠받치다

* へいをまるたでささえる(塀を丸太で支える)
  = 담을 통나무로 떠받치다
* つえでからだをささえる(杖で体を支える) = 지팡이로 몸을 받치다
* せいけいをささえる(生計を支える) = 생계를 지탱하다

[止] 그치다

ていし(停止) = 정지   きんし(禁止) = 금지
せいし(制止) = 제지   はいし(廃止) = 폐지
ぼうし(防止) = 방지   しけつ(止血) = 지혈

♣ 훈독 <u>と</u>まる(止まる) = 멈추다

* とけいがとまる(時計が止まる) = 시계가 멈추다
* こうしんがとまる(行進が止まる) = 행진이 멈추다
* しゅっけつがとまる(出血が止まる) = 출혈이 멈추다
* きかいがとまる(機械が止まる) = 기계가 멈추다

[仕] 모시다

しかん(仕官) = 사관　　　　　しゅっし(出仕) = 출사
しかた(仕方) = 수단 ; 방식　　しくみ(仕組) = 구조 ; 짜임새
しごと(仕事) = 일　　　　　　しわざ(仕業) = 소행 ; 짓

♣ 훈독 つかえる(仕える) = 섬기다

* ふぼにつかえる(父母に仕える) = 부모를 모시다
* しゅくんにつかえる(主君に仕える) = 주군을 섬기다
* ちょうていにつかえる(朝廷に仕える) = 조정에 출사하다

[司] 맡다

しかい(司会) = 사회   ししょ(司書) = 사서
しれい(司令) = 사령   ぎょうじ(行司) = (스모) 심판원
ぐうじ(宮司) = (신사) 최고위 신관

[刺] 자 ; 척 ; 찌르다

しきゃく(刺客) = 자객　　　　しげき(刺激) = 자극
しさつ(刺殺) = 척살(찔러 죽임)　ししゅう(刺繡) = 자수
ふうし(風刺) = 풍자　　　　　めいし(名刺) = 명찰

♣ 훈독 <u>さす</u>(刺す) = 찌르다

* はりでさす(針で刺す) = 바늘로 찌르다
* はちがさす(蜂が刺す) = 벌이 쏘다
* いしゅうがはなをさす(異臭が鼻を刺す)
  = 이상한 냄새가 코를 찌르다

[始] 비롯하다

しどう(始動) = 시동   かいし(開始) = 개시
げんし(原始) = 원시   しじゅう(始終) = 시종
しそ(始祖) = 시조   しまつ(始末) = 시말

♣ 훈독 <u>はじ</u>まる(始まる) = 시작되다

*しけんがはじまる(試験が始まる) = 시험이 시작되다
*かいはつがはじまる(開発が始まる) = 개발이 시작되다
*はるがはじまる(春が始まる) = 봄이 시작되다

[施] 베풀다

しこう(施工) = 시공   しこう(施行) = 시행

しさく(施策) = 시책　　　　しせい(施政) = 시정

しせつ(施設) = 시설　　　　じっし(実施) = 실시

♣ 훈독　ほどこす(施す) = 베풀다

* ぜんせいをほどこす(善政を施す) = 선정을 베풀다
* ひりょうをほどこす(肥料を施す) = 비료를 주다
* しょちをほどこす(処置を施す) = 조치를 취하다

[紙] 종이

しへい(紙幣) = 지폐　　　　せいし(製紙) = 제지

はくし(白紙) = 백지　　　　ひょうし(表紙) = 표지

ようし(用紙) = 용지　　　　きかんし(機関紙) = 기관지

[脂] 비계(기름 덩어리)

しぼう(脂肪) = 지방　　ぎゅうし(牛脂) = 우지
だっし(脱脂) = 탈지　　ひし(皮脂) = 피지
ゆし(油脂) = 유지　　　じゅし(樹脂) = 수지

[視] 보다

しかく(視覚) = 시각　　しさつ(視察) = 시찰
しや(視野) = 시야　　　しちょう(視聴) = 시청
かんし(監視) = 감시　　ちゅうし(注視) = 주시
けいし(軽視) = 경시　　じゅうし(重視) = 중시
むし(無視) = 무시　　　えんし(遠視) = 원시
きんし(近視) = 근시　　らんし(乱視) = 난시

[歯] 이 ; 나이

しか(歯科) = 치과   しが(歯牙) = 치아
ぎし(義歯) = 의치   せっし(切歯) = 절치
ばっし(抜歯) = 발치   ねんし(年歯) = 연치(나이)

[誌] 적다

ざっし(雑誌) = 잡지   しょし(書誌) = 서지
にっし(日誌) = 일지   しゅうかんし(週刊誌) = 주간지
じょうほうし(情報誌) = 정보지

[賜] (윗사람이) 주다

おんし(恩賜) = 은사   かし(下賜) = 하사

しょうし(賞賜) = 상사(상으로 내린 금품)

♣ 훈독 たまわる(賜る) = 윗사람에게서 받다

* えつをたまわる(謁を賜る) = 접견을 허락해 주시다
* しゃくいをたまわる(爵位を賜る) = 작위를 받다
* りょうちをたまわる(領地を賜る) = 영지를 하사받다

 **kotoba**

ぶし(武士) = 무사
しょくぶん(職分) = 직분
こうがく(好学) = 호학
ぎし(義士) = 의사
ゆうし(勇士) = 용사
べんごし(弁護士) = 변호사
かいけいし(会計士) = 회계사
いっしょう(一生) = 일생
しょうにん(商人) = 상인
ぎょうせい(行政) = 행정
しょうかく(昇格) = 승격
じぎょう(事業) = 사업
しよく(私欲) = 사욕

こうへい(公平) = 공평
ほうこう(奉公) = 봉공
いもん(慰問) = 위문
へいわ(平和) = 평화
まるた(丸太) = 통나무
せいけい(生計) = 생계
こうしん(行進) = 행진
しゅっけつ(出血) = 출혈
きかい(機械) = 기계
しゅくん(主君) = 주군
ちょうてい(朝廷) = 조정
ぜんせい(善政) = 선정
しゃくい(爵位) = 작위

おそれる(恐れる) = 두려워하다
なげく(嘆く) = 슬퍼하다
とどめる(留める) = 남기다
ひもとく(繙く) = (책) 읽다

あおぐ(仰ぐ) = 우러르다
もんざい(問罪) = 죄를 묻다
おうずる(応ずる) = 응하다
とうずる(投ずる) = 던지다

Step.12

탁음. じ

[示] 보이다

じい(示威) = 시위   あんじ(暗示) = 암시
くんじ(訓示) = 훈시   けいじ(掲示) = 게시
こじ(誇示) = 과시   こうじ(公示) = 공시
こくじ(告示) = 고시   しじ(指示) = 지시
ていじ(提示) = 제시

♣ 훈독 しめす(示す) = 나타내 보이다

* はんのうをしめす(反応を示す) = 반응을 보이다
* うでまえをしめす(腕前を示す) = 솜씨를 보이다
* もはんをしめす(模範を示す) = 모범을 보이다
* ほうこうをしめす(方向を示す) = 방향을 가리키다
* みちをしめす(道を示す) = 길을 가리키다
* とけいがさんじをしめす(時計が三時を示す)
  = 시계가 3시를 가리키다

[字] 글자

かつじ(活字) = 활자   かんじ(漢字) = 한자
ごじ(誤字) = 오자   しゅうじ(習字) = 습자
すうじ(数字) = 숫자   せいじ(正字) = 정자
てんじ(点字) = 점자   もじ(文字) = 문자
りゃくじ(略字) = 약자

[寺] 절

じいん(寺院) = 사원　　　ぶつじ(仏寺) = 불사
しゃじ(社寺) = 신사와 절　はいじ(廃寺) = 폐사
ほんじ(本寺) = 본사　　　まつじ(末寺) = 말사

[次] 버금

じかん(次官) = 차관　　　じき(次期) = 차기
じなん(次男) = 차남　　　じゅんじ(順次) = 순차
せきじ(席次) = 석차　　　ねんじ(年次) = 연차
ぜんじ(漸次) = 점차　　　もくじ(目次) = 목차
すうじ(数次) = 수차

♣ '次'를 'し'로 읽기도 합니다

しだい(次第) = 순서

ことのしだい(事の次第) = 일이 되어가는 형편

[耳] 귀

がいじ(外耳) = 외이   ないじ(内耳) = 내이

しんじ(心耳) = 심이   じだ(耳朶) = 귓불

じじゅん(耳順) = 이순   じびか(耳鼻科) = 이비인후과

[自] 자기

じこ(自己) = 자기   じしゅ(自主) = 자주

じゆう(自由) = 자유   じかく(自覚) = 자각
じしん(自信) = 자신   じたく(自宅) = 자택
じえい(自衛) = 자위   じち(自治) = 자치
じまん(自慢) = 자만

♣ '自'를 'し'로 읽기도 합니다

しぜん(自然) = 자연

[児] 아이

じどう(児童) = 아동   いくじ(育児) = 육아
こじ(孤児) = 고아   ようじ(幼児) = 유아
ちょうじ(寵児) = 총아   ふううんじ(風雲児) = 풍운아

♣ '児'를 'に'로 읽기도 합니다

しょうに(小児) = 소아   しょうにか(小児科) = 소아과

[事] 일

じけん(事件) = 사건   じこ(事故) = 사고
じじょう(事情) = 사정   かじ(火事) = 화재
きじ(記事) = 기사   ぎょうじ(行事) = 행사
じぎょう(事業) = 사업   じむ(事務) = 사무
こうじ(工事) = 공사

♣ '事'를 'ず'로 읽기도 합니다

こうずか(好事家) = 호사가

[侍] 모시다

じい(侍医) = 시의　　　じじゅう(侍従) = 시종
じじょ(侍女) = 시녀　　　きんじ(近侍) = 시종
ほうじ(奉侍) = 봉사(귀인의 시종)

[持] 가지다

じさん(持参) = 지참　　　しょじ(所持) = 소지
じろん(持論) = 지론　　　いじ(維持) = 유지
けんじ(堅持) = 견지　　　しじ(支持) = 지지

♣ 훈독　もつ(持つ) = 갖다

* かばんをもつ(鞄を持つ) = 가방을 들다
* いえをもつ(家を持つ) = 집을 갖다

* えいきょうりょくをもつ(影響力を持つ) = 영향력을 갖다
* じしんをもつ(自信を持つ) = 자신을 갖다
* きょうみをもつ(興味を持つ) = 흥미를 갖다
* みりょくをもつ(魅力を持つ) = 매력을 지니다
* かんけいをもつ(関係を持つ) = 관계를 가지다
* からだがもたない(体が持たない) = 몸이 견디지 못한다

[時] 시 ; 때

じかん(時間) = 시간　　　　じこく(時刻) = 시각

ざんじ(暫時) = 잠시　　　　じょうじ(常時) = 상시

どうじ(同時) = 동시　　　　じだい(時代) = 시대

じりゅう(時流) = 시류　　　りんじ(臨時) = 임시

じそく(時速) = 시속

[慈] 사랑하다

じあい(慈愛) = 자애   じぜん(慈善) = 자선
じひ(慈悲) = 자비   じぼ(慈母) = 자모
じんじ(仁慈) = 인자   だいじ(大慈) = 대자

[辞] 말

じしょ(辞書) = 사전   じれい(辞令) = 사령
しゅうじ(修辞) = 수사   じしょく(辞職) = 사직
じひょう(辞表) = 사표   こじ(固辞) = 고사

♣ 훈독 やめる(辞める) = 그만두다

* かいしゃをやめる(会社を辞める) = 회사를 그만두다
* きょうしをやめる(教師を辞める) = 교사를 그만두다
* いいんちょうをやめる(委員長を辞める) = 위원장을 사임하다

[磁] 자석

じき(磁気) = 자기   じしゃく(磁石) = 자석
じば(磁場) = 자장   じりょく(磁力) = 자력
でんじは(電磁波) = 전자파   じき(磁器) = 자기

 *kotoba*

はんのう(反応) = 반응   うでまえ(腕前) = 솜씨
もはん(模範) = 모범   ほうこう(方向) = 방향
えいきょう(影響) = 영향   きょうみ(興味) = 흥미
みりょく(魅力) = 매력   かんけい(関係) = 관계

しめす(示す) = 보이다   やめる(辞める) = 그만두다

Step.13

す

[巣] 둥지

❶ 새, 짐승, 곤충 등의 집

* はちのす(蜂の巣) = 벌 집   くものす(蜘蛛の巣) = 거미 집
* つばめのす(燕の巣) = 제비집
* やちょうのす(野鳥の巣) = 들새의 둥지
* とりのすばこ(鳥の巣箱) = 새장
* すにつく(巣に就く) = 둥지에 깃들다

❷ 사람이 사는 보금자리 ; 소굴

* あいのす(愛の巣) = 사랑의 보금자리
* あくのす(悪の巣) = 악의 소굴
* さんぞくのす(山賊の巣) = 산적의 소굴

[酢] 식초

* すをかける(酢を掛ける) = 식초를 치다
* にはいず(二杯酢) = 소금 또는 간장을 섞은 초장
* さんばいず(三杯酢)
  = 간장, 술, 설탕 등 여러 가지 재료를 섞은 초장
* よねず(米酢) = 쌀 식초   リンゴす(酢) = 사과 식초
  しょうがず(生薑酢) = 생강 식초
* すしょうゆ(酢醬油) = 초간장
* すがすぎる(酢が過ぎる) = 도가 지나치다

[素] 명사 앞에 붙여서 아무것도 섞이지 않고 있는 그대로의
　　　뜻을 나타냄

* **すどまり**(素泊り) = (밥은 먹지 않고) 잠만 자는 숙박
* **すどおり**(素通り) = (들르지 않고) 그냥 지나감
* **すうどん**(素饂飩) = (양념을 넣지 않고) 그냥 국물만 부은 우동
* **すめし**(素飯) = (아무 반찬도 없는) 맨밥
* **すはだ**(素肌) = (화장을 하지 않은) 맨 살결
* **すで**(素手) = 맨손　**すあし**(素足) = 맨발　**すがお**(素顔) = 맨 얼굴
* **すばなし**(素話) = (식사, 과자, 차 등을 먹지 않고)
　　　　　　　　　 만나서 그냥 이야기만 하는 일
* **すやき**(素焼き) = (잿물을 입히지 않고 흙 그대로 구운) 질그릇
* **すちょうにん**(素町人) = 평범한 상공인

 **kotoba**

くも(蜘蛛) = 거미
つばめ(燕) = 제비
やちょう(野鳥) = 들새
すばこ(巣箱) = 새장

さんぞく(山賊) = 산적
しょうが(生薑) = 생강
しょうゆ(醬油) = 간장
はだ(肌) = 살결

つく(就く) = 들다
かける(掛ける) = 걸다
すぎる(過ぎる) = 지나치다

とまる(泊る) = 더물다
とおる(通る) = 지나가다
やく(焼く) = 굽다

Step.13

탁음. ず

[ず] 조동사의 미연형에 붙어 부정의 뜻 '~하지 않다'로 쓰입니다

ならう(習う) = 배우다 → ならわず
のむ(飲む) = 마시다 → のまず
つかう(使う) = 사용하다 → つかわず
ふる(降る) = (비) 내리다 → ふらず

단, '~する'에 연결될 때는 'せ+ずに'의 형으로 됨. 'しないで'로 바

꿔 쓸 수 있음

べんきょうする(勉強する) = 공부하다 → べんきょうせずに
= 공부하지 않고...

[図] 그림

* さんすいのず(山水の図) = 산수화
* ずでしめす(図で示す) = 도면으로 보이다
* みられたずではない(見られた図ではない) = 눈뜨고는 못 보겠다
* ずにあたる(図に当たる) = 계획에 들어맞다
* ずにのる(図に乗る) = 생각대로 되어 우쭐대다
* ずがたかい(図が高い) = 거만하다

≪한자어≫

ずあん(図案) = 도안　　　　　ずかん(図鑑) = 도감
ずひょう(図表) = 도표　　　　せいず(製図) = 제도

ちず(地図) = 지도   えず(絵図) = 그림(평면도)

ふず(付図) = 부도   りゃくず(略図) = 약도

こうず(構図) = 구도

♣ '図'를 'と'로 읽기도 합니다

としょ(図書) = 책   はんと(版図) = 판도
いと(意図) = 의도   きと(企図) = 기도

[頭] 머리

ずきん(頭巾) = 두건   ずつう(頭痛) = 두통   ずのう(頭脳) = 두뇌

♣ '頭'는 'とう'로 읽는 경우가 많습니다

しゅっとう(出頭) = 출두   たいとう(台頭) = 대두
ぼっとう(没頭) = 몰두   せんとう(先頭) = 선두
へきとう(劈頭) = 벽두   ぼうとう(冒頭) = 모두
わとう(話頭) = 화두   きょとう(巨頭) = 거두
てんとう(店頭) = 점두

♣ 그밖에 '頭'는 'と' 'あたま' 'かしら' 등으로도 읽습니다

おんど(音頭) = 선창 ; 앞장
あたまきん(頭金) = (선불) 계약금
いしあたま(石頭) = 석두(돌대가리)
かしらもじ(頭文字) = 머리글자
なみがしら(波頭) = 물마루
はたがしら(旗頭) = 한 무리의 우두머리
めがしら(目頭) = 눈자위
しゅっせがしら(出世頭) = 입신출세가 가장 빠른 사람

Step.14

せ

[瀬] 여울

❶ 여울

* あさせ(浅瀬) = 걸어서 건널 수 있는 얕은 여울
* はやせ(早瀬) = 물살이 센 여울

❷ 기회

* あうせをまつ(会う瀬を待つ) = 만날 때를 기다리다
* うかぶせがない(浮かぶ瀬がない) = (곤경에서) 헤어날 길이 없다

❸ 처지 ; 체면

* わたしのたつせがない(私の立つ瀬がない) = 내 체면이 서지 않는다

[背] 등 ; 키

❶ 등

* いすのせ(椅子の背) = 의자의 등 쪽
* てきにせをみせる(敵に背を見せる) = 적에게 등을 보이다
* かわをせにしてたたかう(川を背にして戦う) = 강을 등지고 싸우다
* せをむける(背を向ける) = 등을 돌리다(배반하다)
* やまのせ(山の背) = 산등성이

❷ 키

* せがたかい(背が高い) = 키가 크다
* せがひくい(背が低い) = 키가 작다
* せのたけ(背の丈) = 신장

♣ 훈독 <u>そむ</u>く(背く) = 등지다

* れいほうにそむく(礼法に背く) = 예법에 어긋나다
* きそくにそむく(規則に背く) = 규칙에 어긋나다
* ほうりつにそむく(法律に背く) = 법률에 위배되다
* てんどうにそむく(天道に背く) = 천도에 어긋나다

[世] 인간 세상

せだい(世代) = 세대   せしゅう(世襲) = 세습
せかい(世界) = 세계   せけん(世間) = 세간(세상)

せそう(世相) = 세상(세태)　　しゅっせ(出世) = 출세

げんせ(現世) = 현세　　　　 ごせ(後世) = 후세

らいせ(来世) = 내세

♣ '世'를 'せい'로 읽는 경우가 많습니다

せいし(世子) = 세자　　　　　そうせい(早世) = 조세

せいけい(世系) = 세계(대대의 혈통)　せいき(世紀) = 세기

かくせい(隔世) = 격세　　　　ちゅうせい(中世) = 중세

えんせい(厭世) = 염세　　　　しょせい(処世) = 처세

ぜっせい(絶世) = 절세　　　　ちせい(治世) = 치세

ちゅうせきせい(沖積世) = 충적세　らんせい(乱世) = 난세

 **kotoba**

いす(椅子) = 의자
たけ(丈) = 키
れいほう(礼法) = 예법

あさい(浅い) = 얕다
うかぶ(浮かぶ) = 뜨다
たつ(立つ) = 서다

きそく(規則) = 규칙
ほうりつ(法律) = 법률
てんどう(天道) = 천도

みせる(見せる) = 보이다
たたかう(戦う) = 싸우다
むける(向ける) = 돌리다

Step.14

탁음. ぜ

[是] 옳다

ぜひ(是非) = 시비   ぜせい(是正) = 시정
ぜにん(是認) = 시인   こくぜ(国是) = 국시
しゃぜ(社是) = 사시   ぜぜひひ(是是非非) = 시시비비
しきそくぜくう(色即是空) = 색즉시공
にょぜがもん(如是我聞) = 여시아문

Step.15

そ

[疎] 드물다

* そなるはやし(疎なる林) = 나무가 적은 숲
* じんこうのぶんぷがそである(人口の分布が疎である)
  = 인구의 분포가 성기다
* ひごろのそをわびる(日頃の疎を詫びる) = 평소의 격조함을 사과한다
* なかがそになる(仲が疎になる) = 사이가 멀어지다
* そにしてもらさず(疎にして漏らさず)
  = 넓고 성긴 것 같지만 하나도 빠뜨리지 않다

≪한자어≫

そかい(疎開) = 소개   そみつ(疎密) = 소밀
かそ(過疎) = 과소   そえん(疎遠) = 소원
そがい(疎外) = 소외   しんそ(親疎) = 친소
そりゃく(疎略) = 소략, 소홀   そろう(疎漏) = 소루(실수가 있음)
そつう(疎通) = 소통

♣ 훈독 うとい(疎い) = 소원하다

* じょうほうにうとい(情報に疎い) = 정보에 어둡다
* せじょうにうとい(世情に疎い) = 세상에 어둡다
* かじょうにうとい(下情に疎い) = 민정을 모르다
* かんけいがうとい(関係が疎い) = 관계가 소원하다

[祖] 할아버지

* ごだいのそ(五代の祖) = 5대조
* きんだいれきしがくのそ(近代歴史学の祖) = 근대 역사학의 시조

≪한자어≫

そこく(祖国) = 조국   そせん(祖先) = 선조
そふ(祖父) = 조부   そぼ(祖母) = 조모
がいそ(外祖) = 외조   かいそ(開祖) = 개조
きょうそ(教祖) = 교조   しそ(始祖) = 시조
びそ(鼻祖) = 비조(원조 ; 시조)

[租] 구실 ; 조세

* そをおさめる(租を納める) = 조세를 납부하다
* そようちょう(租庸調) = 조·용·조

≪한자어≫

そぜい(租税) = 조세   こうそ(貢租) = 공조
ちそ(地租) = 지조(토지에 매기던 조세)
でんそ(田租) = 전조(전답에 매기던 조세)
のうそ(納租) = 조세를 납부함

[粗] 거칠다

* そなるさくせん(粗なる作戦) = 엉성한 작전
* そなるいふく(粗なる衣服) = 변변치 못한 의복
* しらべかたがそにすぎる(調べ方が粗に過ぎる)
  = 조사 방법이 너무 조잡하다

≪한자어≫

そざつ(粗雑) = 조잡   そまつ(粗末) = 변변치 않음
そあく(粗悪) = 조악

♣ 훈독 <u>あらい</u>(粗い) = 거칠다

* はだがあらい(肌が粗い) = 살결이 거칠다
* さいくがあらい(細工が粗い) = 세공이 거칠다
* つぶがあらい(粒が粗い) = 알이 굵다
* しあいのはこびがあらい(試合の運びが粗い)
  = 경기 운영이 매끄럽지 못하다

[素] 희다

そい(素衣) = 소의(흰옷)　　　そざい(素材) = 소재
そしつ(素質) = 소질　　　　　かんそ(簡素) = 간소
そち(素地) = 소지　　　　　　そりゅうし(素粒子) = 소립자
しきそ(色素) = 색소　　　　　どくそ(毒素) = 독소
そびょう(素描) = 소묘　　　　さんそ(酸素) = 산소
すいそ(水素) = 수소　　　　　たんそ(炭素) = 탄소

♣ '素'를 'す'로 읽기도 합니다

すあし(素足) = 맨발　　　　　すがお(素顔) = 화장하지 않은 얼굴
すで(素手) = 맨손　　　　　　すはだ(素肌) = 맨살
すなお(素直) = 순수함　　　　すてき(素敵) = 매우 근사함

[疏] 트이다

そつう(疏通) = 소통　　　　　そえん(疏遠) = 소원
そめい(疏明) = 소명　　　　　べんそ(弁疏) = 변소(변명)
じょうそ(上疏) = 상소　　　　ちゅうそ(注疏) = 자세한 설명

[組] 끈 ; 짜다

そかく(組閣) = 조각   そしき(組織) = 조직
そせい(組成) = 조성   かいそ(改組) = 개조(조직 개편)
ろうそ(労組) = 노조(노동조합)

♣ 훈독 くむ(組む) = 끼다 ; 꼬다

* うでをくむ(腕を組む) = 팔짱을 끼다
* てをくむ(手を組む) = 손을 깍지끼다
* かたをくむ(肩を組む) = 어깨동무하다
* あしをくむ(足を組む) = 다리를 꼬고 앉다
* ひもをくむ(紐を組む) = 끈을 꼬다

[訴] 송사

そしょう(訴訟) = 소송　　　そじょう(訴状) = 소장
きそ(起訴) = 기소　　　　　こくそ(告訴) = 고소
しょうそ(勝訴) = 승소　　　ていそ(提訴) = 제소

♣ 훈독 うったえる(訴える) = 호소하다 ; 소송하다

* くつうをうったえる(苦痛を訴える) = 고통을 호소하다
* よろんにうったえる(世論に訴える) = 여론에 호소하다
* りょうしんにうったえる(良心に訴える) = 양심에 호소하다
* こっかをあいてどってうったえる(国家を相手取って訴える)
　= 국가를 상대로 소송하다

[礎] 주춧돌

そせき(礎石) = 초석   きそ(基礎) = 기초
ていそ(定礎) = 정초(주춧돌을 놓음)

♣ 훈독 いしずえ(礎) = 주춧돌

* くにのいしずえ(国の礎) = 나라의 초석
* みんしゅせいじのいしずえ(民主政治の礎) = 민주정치의 초석
* はってんのいしずえをきずく(発展の礎を築く)
  = 발전의 초석을 구축하다

 *kotoba*

じんこう(人口) = 인구

ぶんぷ(分布) = 분포

ひごろ(日頃) = 평소

さくせん(作戦) = 작전

いふく(衣服) = 의복

さいく(細工) = 세공

つぶ(粒) = 낱알

ひも(紐) = 끈

くつう(苦痛) = 고통

よろん(世論) = 여론

りょうしん(良心) = 양심

あいて(相手) = 상대

みんしゅ(民主) = 민주

せいじ(政治) = 정치

わびる(詫びる) = 사과하다

もらす(漏らす) = 빠뜨리다

おさめる(納める) = 납부하다

すぎる(過ぎる) = 지나치다

はこぶ(運ぶ) = 옮기다

きずく(築く) = 구축하다

Step.16

た

[田] 논 = たんぼ

* たをたがやす(田を耕す) = 논을 갈다
* たをうえる(田を植える) = 모내기를 하다
* わがたにみずをひく(我が田に水を引く) = 아전인수(我田引水)
* たのくろ(多の畔) = 논 두둑
* あれた(荒れ田) = 황폐한 논
* たいちまい(田一枚) = 논 한 배미

[他] 다름 ; 남의 일 = ほか

* たのれい(他の例) = 다른 예
* たなし(他無し) = 다른 일이 아니다
* たをさがす(他を捜す) = 다른 곳을 찾다
* たのかいしゃ(他の会社) = 다른 회사
* 他(た)チーム = 다른 팀
* おのれをせめ、たをせめない(己れを責め、他を責めない)
   = 스스로를 책망하고 남을 책망하지 않는다
* たのことをかんがえる(他のことを考える) = 다른 생각을 하다
* たのついずいをゆるさない(他の追随を許さない)
   = 타의 추종을 불허하다

≪한자어≫

たこく(他国) = 타국   たにん(他人) = 타인

たりき(他力) = 타력   じた(自他) = 자타

はいた(排他) = 배타   たい(他意) = 타의

[多] 많음

* たにんずう(多人数) = 많은 인원수
* たほうめん(多方面) = 다방면
* たをたのんでいばる(多を頼んで威張る)
  = 수가 많음을 믿고 거만하게 굴다
* こういをたとする(好意を多とする) = 호의를 고맙게 여기다

≪한자어≫

たしょう(多少) = 다소　　　たすう(多数) = 다수
たぼう(多忙) = 다망　　　たよう(多様) = 다양
かた(過多) = 과다　　　　ざった(雑多) = 잡다

 **kotoba**

た(田) = 논
くろ(畔) = 두둑
ついずい(追随) = 추종

たがやす(耕す) = 갈다
うえる(植える) = 심다
あれる(荒れる) = 황폐하다

にんずう(人数) = 인원수
たほうめん(多方面) = 다방면
こうい(好意) = 호의

せめる(責める) = 책망하다
たのむ(頼む) = 의지하다
いばる(威張る) = 으스대다

Step.16

탁음. だ

[打] 치다

だげき(打撃) = 타격　　　だとう(打倒) = 타도

だぼく(打撲) = 타박　　　おうだ(殴打) = 구타

きょうだ(強打) = 강타　　　れんだ(連打) = 연타

だりつ(打率) = 타율　　　だかい(打開) = 타개

ださん(打算) = 타산

♣ 훈독 <u>うつ</u>(打つ) = 치다

* たいこをうつ(太鼓を打つ) = 북을 치다
* ほおをうつ(頬を打つ) = 뺨을 때리다
* まくをうつ(幕を打つ) = 장막을 치다
* てをうつ(手を打つ) = 손뼉을 치다
* せんてをうつ(先手を打つ) = 선수를 치다
* くぎをうつ(釘を打つ) = 못을 박다
* でんぽうをうつ(電報を打つ) = 전보를 치다
* ふいをうつ(不意を打つ) = 기습하다
* ごをうつ(碁を打つ) = 바둑을 두다
* くびをうつ(首を打つ) = 목을 치다
* ちゅうしゃをうつ(注射を打つ) = 주사를 놓다
* みみをうつ(耳を打つ) = 귀청을 찌르다
* こころをうつ(心を打つ) = 마음을 찌르다
* しゅうしふをうつ(終止符を打つ) = 종지부를 찍다

[妥] 온당하다

だきょう(妥協) = 타협   だけつ(妥結) = 타결   だとう(妥当) = 타당

[唾] 침

だえき(唾液) = 침   だせん(唾腺) = 침샘
がいだ(咳唾) = 기침과 침(어른 말씀)   だせき(唾石) = 침 결석
だき(唾棄) = 타기(혐오하고 경멸함)

[堕] 무너지다

だたい(堕胎) = 낙태   だらく(堕落) = 타락
だざい(堕罪) = 죄를 지음

[惰] 게으르다

だき(惰気) = 게으른 기분
ゆうだ(遊惰) = 유타(빈들거림)
だせい(惰性) = 타성

だじゃく(惰弱) = 허약
たいだ(怠惰) = 나태
きんだ(勤惰) = 근태(출근과 결근)

[駄] 짐 ; 싣다

だば(駄馬) = 짐말
だちん(駄賃) = 짐삯 ; 심부름 값
ださく(駄作) = 태작(졸작)

にだ(荷駄) = 마바리
だけん(駄犬) = 잡종 개(똥개)
むだ(無駄) = 헛됨

 **kotoba**

たいこ(太鼓) = 북

ほお(頬) = 뺨

まく(幕) = 장막

せんて(先手) = 선수

くぎ(釘) = 못

でんぽう(電報) = 전보

ふい(不意) = 불의

ご(碁) = 바둑

くび(首) = 목

ちゅうしゃ(注射) = 주사

みみ(耳) = 귀

しゅうしふ(終止符) = 종지부

Step.17

ち

[血] 피

❶ 혈액

* ちをながす (血を流す) = 피를 흘리다
* ちをはく (血を吐く) = 피를 토하다
* ちをとめる (血を止める) = 지혈하다
* ちにそまる (血に染まる) = 피로 물들다

❷ 혈통

* ちをうける(血を受ける) = 혈통을 이어받다
* ちがつながっている(血が繋っている)
  = 핏줄이 이어져 있다(혈연관계이다)
* ちはみずよりこい(血は水より濃い) = 피는 물보다 진하다
* ちはあらそえない(血は争えない) = 핏줄은 숨길 수 없다
* ちをわけたこ(血を分けた子) = 피를 나눈 자식

≪합성어≫

ちがたな(血刀) = 피 묻은 칼

ちつづき(血続き) = 혈연

ちどめ(血止め) = 지혈

ちのうみ(血の海) = 피바다

ちのけ(血の気) = 핏기

ちのなみだ(血の涙) = 피눈물

ちのめぐり(血の巡り) = 피의 순환

ちのり(血糊) = 선지피

ちばしる(血走る) = 핏발이 서다

ちまなこ(血眼) = 혈안

ちみち(血道) = 혈관

≪관용구≫

* ちがかよう(血が通う) = 피가 통하다
* ちがわく(血が沸く) = 피가 끓다
* ちがのぼる(血が上る) = 피가 거꾸로 솟다
* ちでちをあらう(血で血を洗う) = 피로써 피를 씻다
* ちとあせのけっしょう(血と汗の結晶) = 피와 땀의 결정
* ちにうえる(血に飢える) = 피에 굶주리다
* ちのけがおおい(血の気が多い) = 혈기 왕성하다
* ちもなみだもない(血も涙もない) = 피도 눈물도 없다
* ちをみる(血を見る) = 피를 보다(유혈사태)
* ちをすする(血を啜る) = 피를 마시다 ; 굳게 맹세하다

[乳] 젖 또는 유방 = ちち

* ちぶさ(乳房) = 유방
* ちくび(乳首) = 유두(젖꼭지)
* ちきょうだい(乳兄弟) = (친 형제는 아니나)같은 젖을 먹고 자란 가까운 사람

[智] 지혜 ; 슬기

* ちをみがく(智を磨く) = 지혜를 닦다
* ちをそだてる(智を育てる) = 슬기를 기르다
* ちにたけたひと(智に長けた人) = 지략에 뛰어난 사람
* ちをめぐらす(智を巡らす) = 계략을 짜내다
* じんぎれいち(仁義礼智) = 인의예지
* ちはちからなり(智は力なり) = 아는 것이 힘이다

≪한자어≫

ちしゃ(智者) = 지자　　　ちえ(智慧) = 지혜
ちのう(智能) = 지능　　　えいち(叡智) = 예지
かんち(奸智) = 간지　　　さいち(才智) = 재지

[知] 지각 ; 지식

* ちのうをしぼる(知嚢を絞る) = 머리를 짜내다
* ちにはたらければかどがたつ(知に働ければ角が立つ)
  = 이성에 치우치면 모가 난다

≪한자어≫

ちかく(知覚) = 지각　　　ちしき(知識) = 지식
しゅうち(周知) = 주지　　じゅくち(熟知) = 숙지
にんち(認知) = 인지　　　よち(予知) = 예지
こくち(告知) = 고지　　　つうち(通知) = 통지

ちき(知己) = 지기   ちりゃく(知略) = 지략

きち(機知) = 기지   むち(無知) = 무지

♣ 훈독 しる(知る) = 알다

* ひみつをしる(秘密を知る) = 비밀을 알다
* おやのおんをしる(親の恩を知る) = 부모의 은혜를 알다
* つかいかたをしる(使い方を知る) = 사용법을 알다
* かれのかこをしっている(彼の過去を知っている)
  = 그의 과거를 알고 있다

[稚] 어리다

* ようち(幼稚) = 유치   ちぎょ(稚魚) = 치어
* ちしん(稚心) = 어릴 적 마음   ちき(稚気) = 치기
  ちせつ(稚拙) = 치졸
* おさないげい(稚ない芸) = 유치한 재주

[地] 땅

* てんとちのさ(天と地の差) = 하늘과 땅의 차이
* はながちにおちる(花が地に落ちる) = 꽃이 땅에 떨어지다
* ちをわってめがでる(地を割って芽が出る) = 땅을 뚫고 싹이 나오다
* あしがちについていない(足が地に着いていない)
  = 기초가 견고하지 못하다
* けいしょうのち(景勝の地) = 경승지(경치가 매우 좋은 곳)
* こっかんのち(酷寒の地) = 극한 지방
* ちをせっするりょうこく(地を接する両国) = 땅을 접하는 두 나라
* ちをさく(地を割く) = 땅을 분할하다
* こうえいあるちにつく(光栄ある地に就く)
  = 영광스러운 지위에 오르다
* てんしるちしる(天知る地知る) = 하늘이 알고 땅이 알다
* ちにおちる(地に落ちる) = 땅에 떨어지다
* ちにまみれる(地に塗れる) = 재기 불능이 되다
* ちをはらう(地を払う) = 아주 없어지다

≪한자어≫

ちか(地下) = 지하   ちきゅう(地球) = 지구
ちず(地図) = 지도   りくち(陸地) = 육지
ちいき(地域) = 지역   ちてん(地点) = 지점
きち(基地) = 기지   さんち(産地) = 산지
たくち(宅地) = 택지   ぼち(墓地) = 묘지
ちい(地位) = 지위   きゅうち(窮地) = 궁지

♣ '地'를 'じ'로 읽기도 합니다

じごく(地獄) = 지옥   じしん(地震) = 지진
じめん(地面) = 지면   でんじ(田地) = 전지
ろじ(路地) = 골목   じもと(地元) = 그 고장
じがね(地金) = 바탕쇠   きじ(生地) = 본바탕 ; 옷감
したじ(下地) = 밑바탕 ; 소질   じぬし(地主) = 지주
じりき(地力) = 지력   いじ(意地) = 고집 ; 물욕

[治] 다스리다

* めいくんのち(名君の治) = 명군의 정치
* ちにおいてらんをわすれず(治に居て乱を忘れず)
   = 치세에 있어 난세를 잊지 않는다

≪한자어≫

ちあん(治安) = 치안   ちせい(治世) = 치세
じち(自治) = 자치   とうち(統治) = 통치
とくち(德治) = 덕치   ないち(內治) = 내치
ほうち(法治) = 법치   ちゆ(治癒) = 치유
ちりょう(治療) = 치료

♣ '治'를 'じ'로 읽기도 합니다(특히 병의 치료와 관련된 말)

せいじ(政治) = 정치   きゅうじ(灸治) = 뜸 치료
なんじ(難治) = 난치   ふじ(不治) = 불치

りょうじ(療治) = 료치(치료)　　　しゅじい(主治医) = 주치의
とうじ(湯治) = 탕치(온천이나 약초를 넣은 목욕탕에서 치료함)

♣ 훈독 　おさめる(治める) = 다스리다

*いえをおさめる(家を治める) = 집안을 다스리다
*くにをおさめる(国を治める) = 나라를 다스리다
*ふんそうをおさめる(紛争を治める) = 분쟁을 수습하다
*やまいをおさめる(病を治める) = 병을 고치다

[値] 값 ; 가치

かち(価値) = 가치　　　　　　すうち(数値) = 수치
どうち(同値) = 동치(등치 = 값이 같음)　ぜったいち(絶対値) = 절대치
へんさち(偏差値) = 편차치

♣ 훈독 あたい(値) = 값어치

* とくひつにあたいする(特筆に値する) = 특필할 가치가 있다
* けいちょうにあたいするいけん(傾聴に値する意見)
  = 경청할 가치가 있는 의견
* そんけいにあたいするじんぶつ(尊敬に値する人物)
  = 존경할 가치가 있는 인물

[恥] 부끄럽다

ちじょく(恥辱) = 치욕   しゅうち(羞恥) = 수치
れんち(廉恥) = 염치   ちこつ(恥骨) = 치골
ちぶ(恥部) = 치부   ちもう(恥毛) = 치모

♣ 훈독 はじる(恥じる) = 부끄러워하다

* むちをはじる(無知を恥じる) = 무지를 부끄러워하다
* ふめいをはじる(不明を恥じる) = 어리석음을 부끄러워하다
* ふとくをはじる(不徳を恥じる) = 부덕함을 부끄러워하다

[致] 이르다

しょうち(招致) = 초치   そうち(送致) = 송치
ゆうち(誘致) = 유치   らっち(拉致) = 납치
ちし(致死) = 치사   がっち(合致) = 합치

♣ 훈독 いたす(致す) = 가져오다

* とみをいたす(富を致す) = 부를 쌓다
* はんえいをいたす(繁栄を致す) = 번영을 가져오다
* ひとをしにいたす(人を死に致す) = 사람을 죽게 하다
* ふとくのいたすところ(不徳の致すところ) = 부덕의 소치

[遅] 늦다

ちそく(遅速) = 지속   ちたい(遅滞) = 지체
ちち(遅遅) = 지지(아주 느림)   ちえん(遅延) = 지연
ちこく(遅刻) = 지각   ちぎ(遅疑) = 지의(우물쭈물함)

♣ 훈독 <u>お</u><u>く</u><u>れる</u>(遅れる) = 늦다

* がっこうにおくれる(学校に遅れる) = 학교에 늦다
* しゅっぱつがおくれる(出発が遅れる) = 출발이 늦다
* はついくがおくれる(発育が遅れる) = 발육이 늦다
* りゅうこうにおくれる(流行に遅れる) = 유행에 뒤지다

[痴] 어리석다

はくち(白痴) = 백치　　　おんち(音痴) = 음치
ぐち(愚痴) = 푸념　　　　ちじん(痴人) = 치인
ちじょう(痴情) = 치정　　ちかん(痴漢) = 치한

[置] 두다

あんち(安置) = 안치   いち(位置) = 위치
そうち(装置) = 장치   たいち(対置) = 대치
はいち(配置) = 배치   ほうち(放置) = 방치
そんち(存置) = 존치   しょち(処置) = 처치
そち(措置) = 조치

♣ 훈독 おく(置く) = 두다

* ほんをつくえのうえにおく(本を机の上に置く)
  = 책을 책상 위에 놓다
* じょちゅうをおいてくらす(女中を置いて暮す) = 하녀를 두고 살다
* ねんとうにおく(念頭に置く) = 염두에 두다
* しはいかにおく(支配下に置く) = 지배하에 두다
* おぼえておく(覚えて置く) = 기억해 두다

 **kotoba**

けっしょう(結晶) = 결정
きょうだい(兄弟) = 형제
ちぎょ(稚魚) = 치어
ちせつ(稚拙) = 치졸
こうえい(光栄) = 광영
ふんそう(紛争) = 분쟁
けいちょう(傾聴) = 경청
そんけい(尊敬) = 존경
ふめい(不明) = 어리석음
はんえい(繁栄) = 번영
りゅうこう(流行) = 유행
ねんとう(念頭) = 염두

ちぶさ(乳房) = 유방
ようち(幼稚) = 유치
ちき(稚気) = 치기
こっかん(酷寒) = 혹한
めいくん(名君) = 명군
とくひつ(特筆) = 특필
いけん(意見) = 의견
むち(無知) = 무지
ふとく(不徳) = 부덕함
はついく(発育) = 발육
じょちゅう(女中) = 하녀
しはい(支配) = 지배

 **kotoba**

ながす(流す) = 흘리다

はく(吐く) = 토하다

とめる(止める) = 멈추다

つながる(繋る) = 이어지다

あらそう(争う) = 다투다

わける(分ける) = 나누다

めぐる(巡る) = 돌다

かよう(通う) = 다니다

わく(沸く) = 끓다

うえる(飢える) = 굶주리다

すする(啜る) = 훌쩍 훌쩍 마시다

たける(長ける) = 뛰어나다

めぐらす(巡らす) = 돌리다

おさない(稚ない) = 유치하다

はらう(払う) = 지불하다

まみれる(塗れる) = 투성이가 되다

Step.18

て

[手] 손

❶ 손

* てをつかむ(手を掴む) = 손을 잡다
* てでいじる(手で弄る) = 손으로 만지작거리다
* てでささえる(手で支える) = 손으로 받치다
* てをたたく(手を叩く) = 손뼉 치다
* てにいれる(手に入れる) = 손에 넣다

* てをふれる(手を触れる) = 손을 대다

❷ 손잡이

* てのついたなべ(手の付いた鍋) = 손잡이가 달린 냄비
* ひしゃくのてがおれた(柄杓の手が折れた) = 국자 손잡이가 부러졌다
* ハンドルのてをひく(ハンドルの手を引く) = 핸들의 손잡이를 당기다

❸ 노동력

* てがたりない(手が足りない) = 일손이 부족하다
* てがはなせない(手が離せない) = 일손을 놓을 수 없다
* ねこのてもかりたい(猫の手も借りたい)
  = 고양이 손이라도 빌리고 싶다(일손 부족)

❹ 수단 ; 방법

* うまいてがある(巧い手がある) = 좋은 수가 있다
* てがみえる(手が見える) = 속셈이 들여다보이다

* そのてはくわぬ(その手は食わぬ) = 그 수에는 안 넘어간다
* ふるいてだ(古い手だ) = 낡은 수법이다
* どんなてをつかっても(どんな手を使っても) = 어떤 수를 써서라도

❺ 필적 ; 지음

* おなじひとのて(同じ人の手) = 같은 사람의 필적
* おんなのてのてがみ(女の手の手紙) = 여자 필적의 편지
* かれのてになるほん(彼の手になる本) = 그가 쓴 책

❻ 방향 ; 장소

* うらのて(裏の手) = 뒤쪽
* かみのて(上の手) = 위쪽
* やまのて(山の手) = 지대가 높은 곳
* みぎてにがっこうがある(右手に学校がある) = 오른쪽에 학교가 있다

❼ 종류 ; 품질

* おくて(奥手) = 늦되는 품종
* あつでのかみ(厚手の紙) = 두꺼운 종이
* ようふくのふるて(洋服の古手) = 낡은 양복
* このてのしなもの(この手の品物) = 이런 종류의 물건

❽ 부하

* いちばんて(一番手) = 첫 공격진
* てのものをさしむける(手の者を差し向ける) = 수하를 파견하다
* へいをふたてにわける(兵を二手に分ける) = 군사를 두 패로 가르다

❾ 기세

* ひのてがあがる(火の手が上がる) = 불길이 오르다
* みずのてがとまる(水の手が止まる) = (세차던) 물살이 멎다

❿ 어조를 강하게 함

* てきびしい(手厳しい) = 호되다
* てあつい(手厚い) = 극진하다
* てぬるい(手緩い) = 지나치게 관대하다
* てごわいあいて(手強い相手) = 힘겨운 상대

⓫ 동작을 하는 사람

* あいて(相手) = 상대편
* はなして(話手) = 말하는 사람
* もらいて(貰手) = 받는 사람

≪합성어≫

* てあたり(手当たり) = 감촉
* てあて(手当) = 수당
* てあらい(手洗) = 화장실
* てあそび(手遊び) = 심심풀이로 하는 일
* てあしくちびょう(手足口病) = 수족구병

≪관용구≫

* てがあがる(手が上がる) = 솜씨가 늘다
* てがとどく(手が届く) = 손이 닿다
* てがまわる(手が回る) = 손길이 미치다
* てにあせをにぎる(手に汗を握る) = 손에 땀을 쥐다
* てにはいる(手に入る) = 손에 들어오다
* てにつかない(手に付かない) = 일이 손에 잡히지 않다
* てにてをとって(手に手を取って) = 손에 손을 잡고
* てのうらをかえすよう(手の裏を返すよう) = 손바닥 뒤집듯
* てをあげる(手を上げる) = 손을 들다
* てをきる(手を切る) = 관계를 끊다
* てをつける(手を付ける) = 착수하다
* てをのばす(手を延ばす) = 손을 뻗치다
* てをわかつ(手を分かつ) = 일을 분담하다

 **kotoba**

なべ(鍋) = 냄비
ひしゃく(柄杓) = 국자
てがみ(手紙) = 편지

うら(裏) = 뒤 ; 속
ようふく(洋服) = 양복
しなもの(品物) = 물건

つかむ(掴む) = 잡다
いじる(弄る) = 희롱하다
ささえる(支える) = 받치다
ふれる(触れる) = 대다
かりる(借りる) = 빌리다
さしむける(差し向ける) = 파견하다

ぬるい(緩い) = 완만하다
とどく(届く) = 닿다
かえす(返す) = 뒤집다
あげる(上げる) = 들다
つける(付ける) = 붙이다
のばす(延ばす) = 뻗치다
わかつ(分かつ) = 나누다

Step.19

と

[斗] 말

　말(척관법의 용적 단위) 참고로 부피를 표시하는 단위는 양이 많은 순서대로 こく(石), と(斗), しょう(升), ごう(合) 등이 있었습니다. 10合은 1升, 10升는 1斗, 10斗는 1石. 참고로 えどじだい(江戸時代)에는 약 3.5斗가 1石이었습니다. 조선에서는 10斗가 1石. 일본에서는 1959년에 しゃっかんほう(尺貫法)가 폐지되고 지금은 미터법을 사용하고 있습니다.

≪한자어≫

ろうと(漏斗) = 누두(깔때기)　　　たいと(泰斗) = 태두
ほくと(北斗) = 북두

[戸] 문 ; 문짝

* へやのと(部屋の戸) = 방문　　　とぐち(戸口) = 출입구
* あまど(雨戸) = 덧문　　　とのさん(戸の桟) = 문살
* ガラスど(ガラス戸) = 유리문
* とをしめる(戸を締める) = 문을 닫다
* とをはなつ(戸を放つ) = 문을 열어젖히다
* しぶいと(渋い戸) = 잘 닫히지 않는 문

≪한자어≫

とぐち(戸口) = 출입구　　　　とだな(戸棚) = 찬장
とぶくろ(戸袋) = (덧문)두껍닫이　あまど(雨戸) = 덧문
あみど(網戸) = 방충망　　　　いど(井戸) = 우물

[徒] 무리 ; 사람들

* がくもんのと(学問の徒) = 학문하는 사람들(학도)
* ぶらいのと(無頼の徒) = 무뢰한
* せんしのと(先師の徒) = 돌아간 스승의 제자
* きょうと(教徒) = 교도　　　　ひきょうと(非教徒) = 비교도
* しんと(信徒) = 신도　　　　ぶっきょうと(仏教徒) = 불교도
* ぶんがくと(文学徒) = 문학도　こうがくと(工学徒) = 공학도

≪한자어≫

とほ(徒步) = 도보　　　　ととう(徒党) = 도당
がくと(学徒) = 학도　　　ぎゃくと(逆徒) = 역도
しんと(信徒) = 신도　　　はんと(叛徒) = 반도
ぼうと(暴徒) = 폭도　　　とてい(徒弟) = 도제
せいと(生徒) = 생도

[堵] 울타리

* とにやすんずる(堵に安んずる) = 안도하다(안심하고 살다)
* とのごとし(堵の如し) = (울타리 치듯) 많은 사람이 늘어선 모양

≪한자어≫

とれつ(堵列) = 도열
あんど(安堵) = (무사) 영지의 소유권을 인정 받음
かんと(環堵) = 환도(울타리)

* うちと(内外) = 안팎
* まどのと(窓の外) = 창 밖
* とのも(外の面) = 바깥 면
* とざまだいみょう(外様大名)
   = 에도(江戸) 시대 막부(幕府)가 견제했던 다이묘

♣ 훈독 <u>はずれる</u>(外れる) = 빠지다

* いればがはずれる(入歯が外れる) = 틀니가 빠지다
* たまがはずれる(弾が外れる) = 탄환이 빗나가다
* きどうをはずれる(軌道を外れる) = 궤도를 벗어나다
* よそうがはずれる(予想が外れる) = 예상이 어긋나다

[途] 길

* きたくのと(帰宅の途) = 집으로 돌아가는 길

* りゅうがくのとにつく(留学の途に就く) = 유학길에 오르다
* きこくのとにつく(帰国の途に就く) = 귀국길에 오르다

≪한자어≫

とじょう(途上) = 도상　　　とちゅう(途中) = 도중
きと(帰途) = 귀도　　　　　ぜんと(前途) = 전도
ほうと(方途) = 방도　　　　ようと(用途) = 용도

[都] 도시

とかい(都会) = 도회　　　とし(都市) = 도시
こと(古都) = 고도　　　　しゅと(首都) = 수도
せんと(遷都) = 천도　　　とせい(都政) = 도정
とみん(都民) = 도민　　　とりつ(都立) = 도립
ととく(都督) = 도독

♣ '都'를 'つ'로 읽기도 합니다

つごう(都合) = 형편 ; 사정   つど(都度) = 그 때마다

[吐] 토하다

とけつ(吐血) = 토혈   としゃ(吐瀉) = 토사
とろ(吐露) = 토로   おんと(音吐) = 음성
どんと(呑吐) = 탄토(삼키고 토해냄)   おうと(嘔吐) = 구토

♣ 훈독 <u>はく</u>(吐く) = 토하다

* いきをはく(息を吐く) = 숨을 내쉬다
* つばをはく(唾を吐く) = 침을 뱉다
* たべものをはく(食物を吐く) = 먹은 것을 토하다

* きをはく(気を吐く) = 기염을 토하다

[兎] 토끼

かと(家兎) = 집토끼　　　　　　やと(野兎) = 산토끼
こうと(狡兎) = 교활한 토끼

♣ 훈독 うさぎ(兎) = 토끼

* うさぎとび(兎跳び) = 토끼뜀뛰기
* うさぎのかわ(兎の皮) = 토끼 가죽
* うさぎがはんしょくする(兎が繁殖する) = 토끼가 번식하다

[屠] 잡다

とさつ(屠殺) = 도살   とじょう(屠場) = 도살장
とふく(屠腹) = 도복(할복)

♣ 훈독 ほふる(屠る) = 도륙하다 ; 이기다

* ぶたをほふる(豚を屠る) = 돼지를 잡다
* きょうてきをほふる(強敵を屠る) = 강적을 물리치다
* てきのたいぐんをほふる(敵の大軍を屠る) = 적의 대군을 섬멸하다

[渡] 건너다

とか(渡河) = 도하   とこう(渡航) = 도항
とせい(渡世) = 도세   とらい(渡来) = 도래

かと(過渡) = 과도   じょうと(譲渡) = 양도

♣ 훈독 <u>わたる</u>(渡る) = 건너다

* **かわをわたる**(川を渡る) = 강을 건너다
* **たこくへわたる**(他国へ渡る) = 타국으로 건너가다
* **とりがわたる**(鳥が渡る) = 철새가 이동하다
* **よをわたる**(世を渡る) = 세상을 살아가다
* **しょゆうけんがたにんにわたる**(所有権が他人に渡る)
  = 소유권이 남에게 넘어가다

[賭] 내기 ; 도박

とばく(賭博) = 도박   とば(賭場) = 노름판
とせん(賭銭) = 판돈(내기에 건 돈)

♣ 훈독 <u>か</u>ける(賭ける) = 걸다

* いのちをかける(命を賭ける) = 목숨을 걸다
* しゃうんをかける(社運を賭ける) = 사운을 걸다
* ゆうしょうをかけてたたかう(優勝を賭けて戦う)
  = 우승을 걸고 싸우다

 **kotoba**

しょう(升) = 되
ごう(合) = 홉
とぐち(戸口) = 출입구
あまど(雨戸) = 덧문
ぶらい(無頼) = 무뢰한
ぶっきょう(仏教) = 불교
ぶんがく(文学) = 문학
こうがく(工学) = 공학
うちと(内外) = 안팎

しめる(締める) = 닫다
はなつ(放つ) = 열어젖히다

いれば(入歯) = 틀니
きたく(帰宅) = 귀가
きどう(軌道) = 궤도
よそう(予想) = 예상
はんしょく(繁殖) = 번식
きょうてき(強敵) = 강적
たいぐん(大軍) = 대군
たこく(他国) = 타국
ゆうしょう(優勝) = 우승

しぶい(渋い) = 떫다
たたかう(戦う) = 싸우다

Step.19

탁음. ど

[度] 법도

* どはずれ(度外れ) = 지나침
* どがすぎる(度が過ぎる) = 도가 지나침
* どをうしなう(度を失う) = 허둥거리다
* どをつよめる(度を強める) = 긴장의 도를 더하다
* どをかさねる(度を重ねる) = 횟수를 거듭하다
* どをよむ(度を読む) = 눈금을 읽다
* きんしのどがすすむ(近視の度が進む)

= 근시의 도수가 점점 심해지다
* ひょうてんかごど(氷点下五度) = 영하 5도
* にちょっかくはひゃくはちじゅうど(二直角は百八十度)
　　= 두 직각은 180도
* ほくいごじゅうど(北緯五十度) = 북위 50도
* にどあることはさんどある(二度あることは三度ある)
　　= 두 번 있는 일은 세 번 있다

≪한자어≫

しゃくど(尺度) = 척도　　　　せいど(制度) = 제도
げんど(限度) = 한도　　　　ていど(程度) = 정도
ひんど(頻度) = 빈도　　　　おんど(温度) = 온도
みつど(密度) = 밀도　　　　どりょう(度量) = 도량
たいど(態度) = 태도

[土] 땅

どき(土器) = 토기   どしゃ(土砂) = 토사
どぼく(土木) = 토목   きょうど(郷土) = 향토
ふうど(風土) = 풍토   りょうど(領土) = 영토
どさん(土産) = 토산   どぞく(土俗) = 토속
どちゃく(土着) = 토착

♣ '土'를 'と'로 읽기도 합니다

とち(土地) = 토지   そっと(率土) = 전 세계   とさ(土佐) = 옛 지명

[奴] 노예

どひ(奴婢) = 노비   どぼく(奴僕) = 노복
しゅせんど(守銭奴) = 수전노   どれい(奴隷) = 노예

のうど(農奴) = 농노　　　　ばいこくど(売国奴) = 매국노

[怒] 성내다

どき(怒気) = 노기　　　　どはつ(怒髪) = 노발
げきど(激怒) = 격노　　　しんど(震怒) = 진노
ふんど(憤怒) = 분노　　　どとう(怒濤) = 노도

♣ 훈독　いかる(怒る) = 성내다

* れっかのごとくいかる(烈火の如く怒る) = 열화와 같이 화내다
* なみがいかる(波が怒る) = 파도가 거세다
* てんもいかる(天も怒る) = 하늘도 노하다
* いかっため(怒った目) = 성난 눈
* いかったかた(怒った肩) = 딱 바라진 어깨

＊めんそうをかえていかる(面相を変えて怒る)
= 얼굴을 울그락불그락하며 화내다

 *kotoba*

きんし(近視) = 근시
ひょうてんか(氷点下) = 영하
ちょっかく(直角) = 직각

ほくい(北緯) = 북위
れっか(烈火) = 열화
めんそう(面相) = 면상 ; 얼굴

はずれる(外れる) = 벗어나다
すぎる(過ぎる) = 지나다
うしなう(失う) = 잃다
つよめる(強める) = 더하다

かさねる(重ねる) = 거듭하다
すすむ(進む) = 나아가다
いかる(怒る) = 성내다
かえる(変える) = 바꾸다

Step.20

な

[な] '동사의 종지형+な'의 형태로, '~ 하지 마라'(명령) '~해서는 안 된다'(권고)의 의미로 사용합니다

* あるく(歩く) = 걷다 → あるく<u>な</u> = 걷지 마
* いく(行く) = 가다 → いく<u>な</u> = 가지 마
* なく(泣く) = 울다 → なく<u>な</u> = 울지 마
* にがす(逃がす) = 놓치다 → にがす<u>な</u> = 놓치면 안된다

[名] 이름

❶ 성명이나 명칭

* あなたのなは(貴方の名は)? = 당신의 이름은?
* このはなのなはぼたんです(この花の名は牡丹です)
  = 이 꽃의 이름은 목단입니다
* イエスの名(な)で = 예수의 이름으로
* ひろくしられたなだ(広く知られた名だ) = 널리 알려진 이름이다

❷ 평판 ; 명성

* なのきこえたひと(名の聞こえた人) = 이름이 알려진 사람
* なをとげる(名を遂げる) = 명성을 얻다
* かれはしょうじきなしょうにんとしてながたかい(彼は正直な商人と
  して名が高い) = 그는 정직한 상인으로서 이름이 높다

❸ 명예

* かもんのなをきずつける(家門の名を傷つける)
 = 가문의 명예를 손상시키다

❹ 구실

* かれはしんこうをなとしておんなのしんとをもてあそんだ(彼は信仰を名として女の信徒を弄んだ) = 그는 신앙이란 이름 아래 여자 신도를 농락했다
* にほんはじえいをなとしてしんりゃくをはかっている(日本は自衛を名として侵略を図っている) = 일본은 자위의 이름 아래 침략을 도모하고 있다

❺ 명분

* なをただす(名を正す) = 명분을 세우다
* かれはなばかりのしゃちょうでなんのじっけんがない(彼は名ばかりの社長で何の実権がない) = 그는 이름뿐인 사장으로 아무런 실권이 없다

* 名(な)をあげる = 이름을 날리다
* なをけがす(名を汚す) = 이름을 더럽히다
* なをのこす(名を残す) = 이름을 남기다

≪한자어≫

なまえ(名前) = 이름   あだな(渾名) = 별명
あてな(宛名) = (서신) 수신인 주소·성명
かな(仮名) = 가나   まな(真名) = 한자
なごり(名残) = 자취(아직 남아 있음)

[菜] 채소

* なをつくる(菜を作る) = 채소를 가꾸다
* なをおろぬく(菜を疎抜く) = 채소를 솎아내다
* なをつけこむ(菜を漬け込む) = (채소로 김치 등을) 담그다
* なをきざむ(菜を刻む) = 채소를 잘게 썰다
* なのはな(菜の花) = 유채 꽃

≪한자어≫

なたね(菜種) = 유채의 씨   あおな(青菜) = 푸성귀
わかな(若菜) = 봄나물   はるな(春菜) = 봄나물
あぶらな(油菜) = 유채의 씨에서 기름을 짜냄

[那] 어찌

なへん(那辺) = 어디   ならく(那落) = 나락 ; 지옥(밑바닥)
せつな(刹那) = 찰나   だんな(檀那) = 주인(남편)
しな(支那) = 중국을 일컫던 말

 **kotoba**

ぼたん(牡丹) = 목단
しょうじき(正直) = 정직
しょうにん(商人) = 상인
かもん(家門) = 가문

しんこう(信仰) = 신앙
じえい(自衛) = 자위
しんりゃく(侵略) = 침략
じっけん(実権) = 실권

とげる(遂げる) = 이루다
きずつける(傷つける)
 = 손상하다
はかる(図る) = 꾀하다
もてあそぶ(弄ぶ) = 농락하다

ただす(正す) = 바르게 하다
けがす(汚す) = 더럽히다
おろぬく(疎抜く) = 솎아내다
つけこむ(漬け込む) = 담그다
きざむ(刻む) = 새기다

Step.21

に

[二] 둘

* にのや(二の矢) = 두 번째 화살
* ににしていちでない(二にして一でない) = 다르며 같지 않다
* にのあしをふむ(二の足を踏む) = 망설이다
* にのくがつげない(二の句が継げない)
  = 기가 막혀 다음 말이 안 나오다

≪한자어≫

むに(無二) = 무이 にかい(二階) = 2층
にとう(二等) = 2등 にしょく(二食) = 2식
にごん(二言) = 두 말 にもうさく(二毛作) = 이모작

[丹] 붉은색

* につつじ(丹躑躅) = 붉은 진달래
* にぬりのはし(丹塗りの橋) = 붉은 칠을 한 다리
* にのとりい(丹の鳥居) = 붉은 색의 신사(神社) 문

[荷] 짐

* にになる(荷になる) = 짐이 되다
* かたのにをおろす(肩の荷を下ろす)

= 어깨의 짐을 내리다(무거운 책임에서 벗어나다)

* にがおもすぎる(荷が重すぎる) = 짐이 너무 무겁다(책임이 과중하다)
* にがおりる(荷が下りる) = 짐이 덜어지다(책임이나 부담이 없어지다)
* にがかつ(荷が勝つ) = 짐에 치이다(책임이나 부담이 힘에 겹다)

♣ 훈독 か(苛)

かこく(苛酷) = 가혹　　かせい(苛政) = 가정　　かれん(苛斂) = 가렴

[煮] 익은 정도

* なまに(生煮) = 설익은 것
* にあがる(煮上がる) = 잘 익다
* にがたりない(煮が足りない) = 덜 익다
* にえがわるい(煮えが悪い) = 잘 익지 않았다
* いものにごろ(芋の煮頃) = 감자가 먹기 알맞게 익은 정도

* あおに(青煮) = 푸른 빛깔을 살려 데친 야채
* しおに(塩煮) = 소금으로 간하여 익힌 것

♣ 훈독 にる(煮る) = 삶다

* なべでにる(鍋で煮る) = 냄비로 끓이다
* しおからくにる(塩辛く煮る) = 짜게 조리다
* よわびでにる(弱火で煮る) = 약한 불로 끓이다
* にくをにしめる(肉を煮染る) = 고기를 푹 조리다

[尼] 비구니 'に' 또는 'あま'로 읽음

* びくに(比丘尼) = 비구니   にそう(尼僧) = 여승
* しゅうどうに(修道尼) = 수행하는 여승
* かみをおろしてあまになる(髪を下ろして尼になる)
  = 머리를 깎고 비구니가 되다

 **kotoba**

つつじ(躑躅) = 진달래   とりい(鳥居) = 신사의 문
に(荷) = 짐   なま(生) = 날 것
よわび(弱火) = 약한 불   しゅうどう(修道) = 수도

ぬる(塗る) = 칠하다   おろす(下ろす) = 내리다
かつ(勝つ) = 이기다   たりない(足りない) = 부족하다
しおからい(塩辛い) = 짜다   にる(煮る) = 끓이다

Step.22

ね

[根] 뿌리

❶ 뿌리

* しょくぶつのね(植物の根) = 식물의 뿌리
* まつのね(松の根) = 소나무 뿌리
* やのね(矢の根) = 화살 촉
* いわね(岩根) = 바위 밑동
* ねもないうわさ(根もない噂) = 근거 없는 소문

* ねをきる(根を切る) = 뿌리를 자르다

❷ 근본

* あくのねをたつ(悪の根を絶つ) = 악의 뿌리를 뽑다

❸ 본성 ; 천성

* ねがしょうじきなひと(根が正直な人) = 천성이 정직한 사람

♣ 음독 こん(根)

きゅうこん(球根) = 구근
こんきょ(根拠) = 근거
こんてい(根底) = 근저
かこん(禍根) = 화근
こんき(根気) = 근기

そうこん(草根) = 초근
こんげん(根元) = 근원
こんぽん(根本) = 근본
びょうこん(病根) = 병근

[値] 값 = ねだん(値段)

* ねがたかい(値が高い) = 값이 비싸다
* いい値(ね)だ = 알맞은 값이다
* ねをきく(値を聞く) = 값을 묻다
* ねがたつ(値が立つ) = 값이 서다
* かくがいのね(格外の値) = 턱없는 값
* ねがでる(値が出る) = 값이 나가다
* ねがさがる(値が下がる) = 값이 내리다

♣ 음독 ち(値)

かち(価値) = 가치   きょくち(極値) = 극치
すうち(数値) = 수치   ぜったいち(絶対値) = 절대치
へんさち(偏差値) = 편차치

[音] 음 ; 소리 ; 음성

* すずのね(鈴の音) = 방울 소리
* ふえのね(笛の音) = 피리 소리
* がくのね(楽の音) = 음악 소리
* むしのね(虫の音) = 벌레 소리
* かりがね(雁が音) = 기러기의 울음소리

♣ 음독 おん(音)

おんきょう(音響) = 음향　　おんぱ(音波) = 음파
こうおん(高音) = 고음　　　ていおん(低音) = 저음
ざつおん(雑音) = 잡음　　　そうおん(騒音) = 소음
ろくおん(録音) = 녹음　　　おんぷ(音符) = 음부
おんりつ(音律) = 음률　　　わおん(和音) = 화음
おんせい(音声) = 음성　　　はつおん(発音) = 발음

[寝] 잠 ; 자는 일

* ねにつく(寝に就く) = 잠자리에 들다
* ねはぐれる(寝逸れる) = 잠을 설치다
* またねをする(又寝をする) = 개잠자다
* そいね(添い寝) = 남의 곁에 붙어서 잠
* ねがたりない(寝が足りない) = 잠이 모자라다
* ねものがたり(寝物語) = 잠자리에서 하는 이야기

≪합성어≫

* ねいき(寝息) = 숨소리
* ねいる(寝入る) = 잠들다
* ねがえる(寝返る) = 돌아눕다 ; 배반하다
* ねかす(寝かす) = 누이다
* ねぐせ(寝癖) = 잠버릇
* ねごと(寝言) = 잠꼬대
* ねころぶ(寝転ぶ) = 뒹굴다
* ねすぎる(寝過ぎる) = 지나치게 자다
* ねわすれる(寝忘れる) = 늦잠자다

* ねどうぐ(寝道具) = 침구
* ねどこ(寝床) = 침상
* ねとまり(寝泊り) = 숙박
* ねぶくろ(寝袋) = 침낭
* ねべや(寝部屋) = 침실
* ねぼう(寝坊) = 잠꾸러기
* ねまき(寝巻) = 잠옷
* ねわざ(寝業) = 이면공작

≪한자어≫

ねどこ(寝床) = 침상(잠자리)　　　はやね(早寝) = 일찍 잠
ひるね(昼寝) = 낮잠　　　　　　ねわざ(寝技) = (유도) 굳히기
ごろね(転寝) = 아무데서나 쓰러져 잠

♣ 음독　ねる(寝る) = 자다

* はやくねる(早く寝る) = 일찍 자다
* よくねる(良く寝る) = 잘 자다

* はだかでねる(裸で寝る) = 발가벗고 자다
* びょうしょうにねる(病床に寝る) = 병상에 눕다
* しきんがねている(資金が寝ている) = 자금이 묵고 있다

 **kotoba**

しょくぶつ(植物) = 식물　　　　ものがたり(物語) = 이야기
うわさ(噂) = 소문　　　　　　　くせ(癖) = 버릇
しょうじき(正直) = 정직　　　　ふくろ(袋) = 주머니
かくがい(格外) = 턱없는　　　　はだか(裸) = 나체
すず(鈴) = 방울　　　　　　　　しきん(資金) = 자금
かり(雁) = 기러기　　　　　　　びょうしょう(病床) = 병상

たつ(絶つ) = 끊다　　　　　　　ころぶ(転ぶ) = 뒹굴다
たりない(足りない) = 모자라다　すぎる(過ぎる) = 지나치다
そう(添う) = 첨가하다　　　　　とまる(泊る) = 묵다
わすれる(忘れる) = 잊다　　　　まく(巻く) = 감다

Step.23

の

[野] 들

❶ 들 = のはら(野原)

* ののすえ(野の末) = 들판의 끝
* のにさくはな(野に咲く花) = 들에 피는 꽃

❷ 논밭 = のら(野良)

* のをたがやす(野を耕す) = 논밭을 갈다
* のにでてはたらく(野に出て働く) = 논밭에 나가 일하다

❸ (다른 명사에 붙어서) 야생을 나타냄

* のうさぎ(野兎) = 산토끼
* のいちご(野苺) = 산딸기
* のばら(野薔薇) = 들장미

≪한자어≫

のはら(野原) = 들판   すその(裾野) = 완만하게 경사진 들판
のだて(野点) = 야외에서 베푸는 다회(茶會)
のら(野良) = 들 특히 전답

♣ 음독 や(野)

やえい(野営) = 야영   やがい(野外) = 야외
こうや(広野) = 광야   さんや(山野) = 산야
へいや(平野) = 평야   りんや(林野) = 임야
やじゅう(野獣) = 야수   やせい(野生) = 야생
やばん(野蛮) = 야만   やひ(野卑) = 야비
やしん(野心) = 야심   やぼう(野望) = 야망
しや(視野) = 시야   ぶんや(分野) = 분야
やとう(野党) = 야당

 **kotoba**

すえ(末) = 끝   ばら(薔薇) = 장미
いちご(苺) = 딸기   うさぎ(兎) = 토끼

たがやす(耕す) = 경작하다   はたらく(働く) = 일하다

Step.24

は

[刃] (칼 따위의) 날 = やいば(刃)

* はがもろい(刃が脆い) = 칼날이 무르다
* はがするどい(刃が鋭い) = 칼날이 날카롭다
* はがにぶい(刃が鈍い) = 칼날이 무디다
* はをとぐ(刃を研ぐ) = 날을 갈다
* 刃(は)をつける = 날을 세우다
* かみそりのは(剃刀の刃) = 면도날
* すきのは(鋤の刃) = 가랫날　　　かんなのは(鉋の刃) = 대팻날

≪한자어≫

はもの(刃物) = 날붙이   でば(出刃) = 날이 두꺼운 식칼
もろは(諸刃) = 양날의 칼

[羽] 날개

* たかのは(鷹の羽) = 매의 날개
* やのは(矢の羽) = 살깃 ; 화살에 단 새의 깃털
* はがきく(羽が利く) = 위세를 떨치다

≪한자어≫

はいろ(羽色) = 새의 날개빛   はおと(羽音) = 날개 소리
はね(羽根) = 셔틀콕   はぶたえ(羽二重) = 순백색 비단
しらは(白羽) = 흰 화살 깃

[歯] 치아

❶ 이빨

* はのね(歯の根) = 치근(이빨의 뿌리)
* はをみがく(歯を磨く) = 이를 닦다
* 歯(は)をほじる = 이를 쑤시다
* はがうごく(歯が動く) = 이가 흔들리다
* はをかく(歯を欠く) = 이를 상하다
* はがぬける(歯が抜ける) = 이가 빠지다

❷ 이 모양으로 가지런한 것

* くしのは(櫛の歯) = 빗살
* のこぎりのは(鋸の歯) = 톱니
* はぐるまのは(歯車の歯) = 톱니바퀴의 톱니

≪관용구≫

* はがたたない(歯が立たない) = 이빨이 먹히지 않는다(마음대로 안 됨)
* はにあう(歯に合う) = 마음에 들다
* はのねがあわない(歯の根が合わない) = (무서워서) 이가 덜덜 떨리다
* はをくいしばる(歯を食いしばる) = 이를 악물다

≪한자어≫

はぐき(歯茎) = 잇몸   おくば(奥歯) = 어금니   むしば(虫歯) = 충치

[葉] 잎

* このは(木の葉) = 나뭇잎   はのくき(葉の茎) = 잎줄기
  かれは(枯葉) = 마른 잎
* くわのは(桑の葉) = 뽕잎   ちゃのは(茶の葉) = 찻잎
  あさのは(麻の葉) = 삼 잎
* はのでるまえにはなのさくき(葉の出る前に花の咲く木)

= 잎이 돋기 전에 꽃피는 나무

≪한자어≫

はかげ(葉陰) = 나뭇잎 그늘
あおば(青葉) = 푸른 잎
くさば(草葉) = 풀잎

はまき(葉巻) = 잎담배
えだは(枝葉) = 지엽(가지와 잎)
ことば(言葉) = 말 ; 언어

♣ 음독 よう(葉)

ようりょくそ(葉緑素) = 엽록소
しよう(枝葉) = 지엽
はいよう(胚葉) = 배엽
しょよう(初葉) = 초엽
まつよう(末葉) = 말엽

こうよう(紅葉) = 홍엽(단풍)
らくよう(落葉) = 낙엽
ぜんとうよう(前頭葉) = 전두엽
ちゅうよう(中葉) = 중엽

[派] 파

* どのはにもぞくさない(どの派にも属さない)
  = 어떤 파에도 속하지 않다
* ふたつのはにわかれる(二つの派に分れる) = 두 파로 갈라지다
* はがちがう(派が違う) = 파가 다르다
* かれはしゅりゅうはのだいひょうだ(彼は主流派の代表だ)
  = 그는 주류파의 대표다

≪한자어≫

はばつ(派閥) = 파벌   がくは(学派) = 학파
しゅうは(宗派) = 종파   とうは(党派) = 당파
はけん(派遣) = 파견   はへい(派兵) = 파병
きゅうは(急派) = 급파   とくは(特派) = 특파
はせい(派生) = 파생

[端] 가장자리

* やまのは(山の端) = 산의 끝(가)
* くちのはにのぼる(口の端に上る) = (사람들의) 입에 오르내리다
* はもの(端物) = 조각 ; 파지

≪한자어≫

はすう(端数) = 우수리
はやく(端役) = 단역(하찮은 역할, 또는 그것을 맡은 사람)
のきば(軒端) = 처마 끝
はんぱ(半端) = 불완전함 ; 어중간한 것

♣ 음독 たん(端)

たんせい(端正) = 단정   たんぜん(端然) = 단연
いたん(異端) = 이단   たんまつ(端末) = 단말
きょくたん(極端) = 극단   せんたん(先端) = 선단

24. は   337

まったん(末端) = 말단
せんたん(戦端) = 전단
ほったん(発端) = 발단

たんしょ(端緒) = 단서
とたん(途端) = 도단
たんてき(端的) = 단적

[覇] 패권 ; 우승

* はをとなえる(覇を称える) = 패권을 장악하다
* はをあらそう(覇を争う) = 패권을 다투다

≪한자어≫

はしゃ(覇者) = 패자
はどう(覇道) = 패도
そうは(争覇) = 쟁패

はけん(覇権) = 패권
せいは(制覇) = 제패
れんぱ(連覇) = 연패

[把] 쥐다

はあく(把握) = 파악
はそく(把捉) = 파착(파악)
じゅうは(銃把) = 총목(개머리의 일부분)
さんば(三把) = 세 묶음

はじ(把持) = 파지(꽉 쥠)
はしゅ(把手) = 파수(손잡이)
いちわ(一把) = 한 묶음
じっぱ(十把) = 열 묶음

[波] 물결치다

はじょう(波状) = 파상, 물결 모양
はらん(波瀾) = 파란
はちょう(波長) = 파장
おんぱ(音波) = 음파
でんぱ(電波) = 전파

はもん(波紋) = 파문
よは(余波) = 여파
のうは(脳波) = 뇌파
たんぱ(短波) = 단파

♣ 훈독 なみ(波) = 파도

なみかぜ(波風) = 풍파
あらなみ(荒波) = 거센 파도
たかなみ(高波) = 높은 파도
ひとなみ(人波) = 인파

なみじ(波路) = 뱃길
しらなみ(白波) = 흰 파도
つなみ(津波) = 해일
としなみ(年波) = 나이 ; 연륜

[破] 깨어지다

はかい(破壊) = 파괴
はそん(破損) = 파손
ばくは(爆破) = 폭파
だは(打破) = 타파
そうは(走破) = 주파
かんぱ(看破) = 간파

はき(破棄) = 파기
とっぱ(突破) = 돌파
げきは(撃破) = 격파
はかく(破格) = 파격
どくは(読破) = 독파
ろんぱ(論破) = 논파

♣ 훈독 やぶる(破る) = 깨다

* かべをやぶる(壁を破る) = 벽을 부수다
* きろくをやぶる(記録を破る) = 기록을 깨뜨리다
* やくそくをやぶる(約束を破る) = 약속을 깨다
* ほうりつをやぶる(法律を破る) = 법률을 어기다

[播] 뿌리다

はしゅ(播種) = 파종   さっぱ(撒播) = 살파   でんぱ(伝播) = 전파

♣ 훈독 まく(播く) = 뿌리다

* たねをまく(種を播く) = 씨를 뿌리다
* あきにまくむぎ(秋に播く麦) = 가을에 (씨를) 뿌리는 보리

* まかぬたねははえぬ (播かぬ種は生えぬ)
  = 뿌리지 않은 씨는 나지 않는다

 kotoba

くし(櫛) = 빗
のこぎり(鋸) = 톱
はぐるま(歯車) = 톱니바퀴
くき(茎) = 줄기
くわ(桑) = 뽕
しゅりゅう(主流) = 주류

あさ(麻) = 삼
だいひょう(代表) = 대표
はもの(端物) = 조각
ほうりつ(法律) = 법률
たね(種) = 씨
むぎ(麦) = 보리

かく(欠く) = 없다
ぬける(抜ける) = 빠지다
くいしばる(食いしばる)
 = 악물다
かれる(枯る) = 마르다

わかれる(分れる) = 나뉘다
ちがう(違う) = 다르다
となえる(称える) = 장악하다
まく(播く) = (씨) 뿌리다
はえる(生える) = 나다

Step.24

탁음. ば

[馬] 말

ばしゃ(馬車) = 마차   きば(騎馬) = 기마
ぎゅうば(牛馬) = 우마   けいば(競馬) = 경마
じょうば(乗馬) = 승마   はくば(白馬) = 백마

[婆] 할머니; 범어의 음역

おばあさん(お婆さん) = 할머니　　さんば(産婆) = 산파
ろうば(老婆) = 노파　　　　　　ばらもん(婆羅門) = 바라문
しゃば(娑婆) = 사바(속세)

[罵] 욕지거리

ばげん(罵言) = 매언(심한 욕설)　　ばとう(罵倒) = 매도(몹시 욕질함)
ちょうば(嘲罵) = 조매(비웃고 욕함)　つうば(痛罵) = 통매(통렬히 비난함)

♣ 훈독　ののしる(罵る)

* かげでひとをののしる(陰で人を罵る) = 뒷전에서 남을 욕하다
* くちぎたなくののしる(口汚く罵る) = 입정 사납게 욕을 퍼붓다
* たがいにののしりあう(互いに罵り合う) = 서로 욕설하다

Step.25

ひ

[日] 해 ; 낮 ; 하루

* ひがでる(日が出る) = 해가 뜨다
* ひがしずむ(日が沈む) = 해가 지다
* ひがさす(日が射す) = 햇볕이 들다
* ひにやける(日に焼ける) = (살이) 햇볕에 타다
* ひがながくなる(日が長くなる) = 하루가 길어지다
* ひにさんどのめし(日に三度の飯) = 하루 세끼의 밥
* ひがたつ(日が経つ) = 세월이 가다

* ひをのばす(日を延ばす) = 날짜를 연기하다
* きめられたひ(決められた日) = 정해진 날짜
* ひがくれる(日が暮れる) = 날이 저물다
* わかきひのおもいで(若き日の思い出) = 젊은 날의 추억
* ひのめをみる(日の目を見る) = 햇빛을 보다(세상에 알려지다)
* きねんび(記念日) = 기념일
* げつようび(月曜日) = 월요일
* ひづけ(日付) = 날짜
* ひがら(日柄) = 일진

≪한자어≫

あさひ(朝日) = 아침 해   つきひ(月日) = 월일(날짜 ; 세월)
てんぴ(天日) = 햇빛   にしび(西日) = 석양(저녁 해)
やくび(厄日) = 액일   ようび(曜日) = 요일

[火] 불(빛)

* ひをともす(火を灯す) = 불을 켜다
* ひをとおす(火を通す) = 열을 가하다
* ひをつける(火を付ける) = 불을 지피다
* ひにあたる(火に当たる) = 불을 쬐다
* ひをだす(火を出す) = 불을 내다
* ひがきえる(火が消える) = 불이 꺼지다
* ひのようじん(火の用心) = 불조심
* ひにあぶらをそそぐ(火に油を注ぐ) = 불에 기름을 붓다
* ひをはく(火を吐く) = 불을 뿜어내다(열변을 토하다 ; 격렬하게 논쟁하다)

≪한자어≫

ひだね(火種) = 불씨   ひばしら(火柱) = 불기둥
ひもと(火元) = 불난 곳(소동의 근원) ひばな(火花) = 불꽃
おにび(鬼火) = 도깨비불   かがりび(篝火) = 화톳불
くちび(口火) = (화승총) 점화용 불   すみび(炭火) = 숯불
はなび(花火) = 불꽃(놀이)

[非] 비(非), 불리함, 잘못 등을 뜻하는 말

* ひをおおう(非を覆う) = 잘못을 감추다
* ひをあばく(非を暴く) = 비리를 폭로하다
* ひをとなえる(非を唱える) = 비난하다
* ひをみとめる(非を認める) = 잘못을 인정하다
* 非(ひ)をする = 옳지 않다고 보다
* ひをかざる(非を飾る) = 자기의 잘못을 속여 변명하다
* ひのうちところがない(非の打ち所がない) = 트집 잡을 곳이 없다
  (완벽하다)
* ぜをぜとしひをひとす(是を是とし非を非とす)
  = 옳은 것은 옳다고 하고 그른 것은 그르다고 하다
* どこといって非(ひ)のない人 = 이렇다 할 결점이 없는 사람

≪한자어≫

ひじょう(非常) = 비상　　　　ひぼん(非凡) = 비범

ひごうり(非合理) = 비합리　　ひうん(非運) = 비운

ひこう(非行) = 비행　　　　　ひじょうしき(非常識) = 비상식

ひどう(非道) = 비도　　　　　ひなん(非難) = 비난

ぜひ(是非) = 시비 ; 제발

[比] 비교

* よにひをみない(世に比を見ない) = 세상에 유례를 볼 수 없다
* じょうじんのひではない(常人の比ではない)
  = 보통 사람에 비할 바 아니다
* さんたいいちのひ(三対一の比) = 3대 1의 비율
* とうひきゅうすう(等比級数) = 등비 급수

≪한자어≫

ひかく(比較) = 비교   たいひ(対比) = 대비

ひじゅう(比重) = 비중   ひりつ(比率) = 비율

ひけん(比肩) = 비견   ひるい(比類) = 비류

むひ(無比) = 무비   ひゆ(比喩) = 비유

ひきょう(比況) = 비교(다른 것과 비교함)

♣ 훈독 <u>くら</u>べる(比べる) = 비교하다

* ちからをくらべる(力を比べる) = 힘을 겨루다
* せをくらべてみる(背を比べて見る) = 키를 대보다
* げんぶんとくらべる(原文と比べる) = 원문과 대조하다
* れいねんにくらべてさむい(例年に比べて寒い)
  = 예년에 비해서 춥다

[否] 부 ; 찬성하지 않음

* こたえはひ(答えは否) = 대답은 불찬성
* ひとするものがおおい(否とする者が多い) = 불찬성하는 사람이 많다
* うわさにひをとなえる(噂に否を唱える) = 소문을 부정하다
* ひをただす(否を正す) = 부정을 바로잡다
* りっこうほのきひ(立候補の起否) = 입후보 여부

≪한자어≫

ひけつ(否決) = 부결   ひてい(否定) = 부정
ひにん(否認) = 부인   きょひ(拒否) = 거부
あんぴ(安否) = 안부   かひ(可否) = 가부

[皮] 가죽

ひか(皮下) = 피하   ひかく(皮革) = 피혁
ひふ(皮膚) = 피부   がいひ(外皮) = 외피
だっぴ(脱皮) = 탈피   ひょうひ(表皮) = 표피

♣ 훈독 かわ(皮) = 가죽 ; 껍질

* うしのかわ(牛の皮) = 쇠가죽
* はらのかわ(腹の皮) = 뱃가죽
* りんごのかわ(林檎の皮) = 사과 껍질

* かわをむく(皮を剝く) = 껍질을 벗기다
* へびがかわをぬぐ(蛇が皮を脱ぐ) = 뱀이 허물을 벗다
* にんげんのかわをかぶったちくしょう(人間の皮を被った畜生)
 = 사람의 가죽을 쓴 짐승

[妃] 비

おうひ(王妃) = 왕비   せいひ(正妃) = 정비   こうひ(后妃) = 후비

[批] 치다

ひはん(批判) = 비판   ひひょう(批評) = 비평   ひじゅん(批准) = 비준

[彼] 저쪽

ひが(彼我) = 피아　　ひがん(彼岸) = 피안　　ひし(彼此) = 피차

[披] 헤치다

ひれき(披瀝) = 피력　　　　　　ひろう(披露) = 피로
ちょくひ(直披) = 직피(친전)　　ひえつ(披閱) = 피열(펼쳐 조사해 봄)
ひけん(披見) = (서류) 펴 봄

[肥] 살지다

ひだい(肥大) = 비대　　　　　ひまん(肥満) = 비만
ひよく(肥沃) = 비옥　　　　　ひりょう(肥料) = 비료
しひ(施肥) = 시비　　　　　　たいひ(堆肥) = 퇴비

♣ 훈독 <u>こえる</u>(肥える) = 살이 찌다

* こえたぶた(肥えた豚) = 살찐 돼지
* こえたとち(肥えた土地) = 비옥한 땅
* ちみがこえている(地味が肥えている) = 기름지다
* ふところがこえる(懐が肥える) = 주머니가 두둑해지다

[卑] 낮다

ひせん(卑賤) = 비천   ひぞく(卑俗) = 비속
ひれつ(卑劣) = 비열   やひ(野卑) = 야비
ひくつ(卑屈) = 비굴   ひげ(卑下) = 비하

♣ 훈독 <u>いや</u>しい(卑しい) = 천하다 ; 비열하다

* いやしいうまれ(卑しい生まれ) = 비천한 태생
* いやしいしょくぎょう(卑しい職業) = 천한 직업
* いやしいこうい(卑しい行為) = 비열한 행위
* いやしいにんげん(卑しい人間) = 야비한 인간

[飛] 날다

ひこう(飛行) = 비행   ひしょう(飛翔) = 비상
ゆうひ(雄飛) = 웅비   ひか(飛花) = 비화
ひやく(飛躍) = 비약   ひほう(飛報) = 비보
ひきゅう(飛球) = (야구) 비구
りゅうげんひご(流言飛語) = 유언비어

♣ 훈독 とぶ(飛ぶ) = 날다

* とりがとぶ(鳥が飛ぶ) = 새가 날다
* そらをとぶ(空を飛ぶ) = 하늘을 날다
* にばいのそくどでとぶ(二倍の速度で飛ぶ) = 두 배의 속도로 날다
* にほんへとぶ(日本へ飛ぶ) = 일본으로 날아가다
* げんこつがとぶ(拳骨が飛ぶ) = 주먹이 날아가다
* いえにとんでくる(家に飛んで来る) = 집으로 황급히 오다
* どせいがとぶ(怒声が飛ぶ) = 호통이 떨어지다
* ひばながとぶ(火花が飛ぶ) = 불똥이 튀다
* どろがとぶ(泥が飛ぶ) = 흙탕물이 튀다
* くびがとぶ(首が飛ぶ) = 목이 날아가다
* やじがとぶ(野次が飛ぶ) = 야유가 날아오다
* ばったがとぶ(蝗が飛ぶ) = 메뚜기가 뛰다
* あたいがとぶ(値が飛ぶ) = 값이 뛰다
* げっきゅうのはんぶんがとぶ(月給の半分が飛ぶ)
    = 월급의 절반이 날아가다
* はんにんがこくがいへとぶ(犯人が国外へ飛ぶ) = 범인이 국외로 뛰다

[秘] 숨기다

ひけつ(秘訣) = 비결   ひさく(秘策) = 비책
ひぞう(秘蔵) = 비장   ひみつ(秘密) = 비밀
ひわ(秘話) = 비화   ごくひ(極秘) = 극비
もくひ(黙秘) = 묵비   しんぴ(神秘) = 신비
べんぴ(便秘) = 변비

♣ 훈독 ひめる(秘める) = 숨기다

* むねにひめる(胸に秘める) = 가슴속에 숨기다
* こいごころをひめる(恋心を秘める) = 남몰래 연정을 품다
* ひめられたかこ(秘められた過去) = 숨겨진 과거
* うちにひめたとうし(内に秘めた闘志) = 심중에 간직한 투지
* かのうせいをひめる(可能性を秘める) = 가능성을 내포하다

[被] 덮다

ひまく(被膜) = 피막　　　　ひふく(被服) = 피복

ひがい(被害) = 피해　　　　ひばく(被爆) = 피폭

ひこく(被告) = 피고　　　　ひしゃたい(被写体) = 피사체

♣ 훈독　こうむる(被る) = 입다 ; 받다

＊ おんけいをこうむる(恩恵を被る) = 은혜를 입다
＊ ひがいをこうむる(被害を被る) = 피해를 입다
＊ ひっかをこうむる(筆禍を被る) = 필화를 입다
＊ おじょくをこうむる(汚辱を被る) = 창피를 당하다
＊ おしかりをこうむる(お叱りを被る) = 꾸중을 듣다

[悲] 슬프다

ひあい(悲哀) = 비애
ひげき(悲劇) = 비극
ひそう(悲壮) = 비장
ひつう(悲痛) = 비통
じひ(慈悲) = 자비

ひかん(悲観) = 비관
ひさん(悲惨) = 비참
ひたん(悲嘆) = 비탄
ひめい(悲鳴) = 비명

♣ 훈독 かなしい(悲しい) = 슬프다

* ちちにしなれてかなしい(父に死なれて悲しい)
    = 아버지를 여의어 슬프다
* かなしいものがたり(悲しい物語) = 슬픈 이야기
* かなしいさだめ(悲しい定め) = 슬픈 운명
* かなしげなかお(悲し気な顔) = 서러운 표정

[費] 쓰다

ひよう(費用) = 비용　　　しょうひ(消費) = 소비
ろうひ(浪費) = 낭비　　　かいひ(会費) = 회비
がくひ(学費) = 학비　　　けいひ(経費) = 경비
じひ(自費) = 자비　　　　しょくひ(食費) = 식비
ざっぴ(雑費) = 잡비

♣ 훈독　ついやす(費やす) = 소비하다

* よさんをついやす(予算を費やす) = 예산을 써 없애다
* ぜんざいさんをついやす(全財産を費やす) = 전재산을 탕진하다
* さんねんのさいげつをついやす(三年の歳月を費やす)
　= 3년의 세월을 허비하다
* ときをついやす(時を費やす) = 시간을 허비하다
* せいりょくをついやす(精力を費やす) = 정력을 낭비하다
* まんげんをついやす(万言を費やす) = 많은 말을 하다

[鄙] 시골

ひれつ(鄙劣) = 비열   ひろう(鄙陋) = 비루(천함)
とひ(都鄙) = 도비(도시와 시골) へんぴ(辺鄙) = 변비(벽촌)
ひご(鄙語) = 천한 말   ひぞく(鄙俗) = 비속(촌스러움)

[罷] 파하다

ひぎょう(罷業) = 파업   ひめん(罷免) = 파면
ひこう(罷工) = (공장의) 파업

[避] 피하다

ひしょ(避暑) = 피서   ひなん(避難) = 피난
ひにん(避妊) = 피임   かいひ(回避) = 회피

きひ(忌避) = 기피　　　　とうひ(逃避) = 도피

♣ 훈독 さける(避ける) = 피하다 ; 꺼리다

* あめをさける(雨を避ける) = 비를 피하다
* あつさをさける(暑さを避ける) = 더위를 피하다
* きけんをさける(危険を避ける) = 위험을 피하다
* ひとめをさける(人目を避ける) = 남의 눈을 피하다
* ちょくとうをさける(直答を避ける) = 즉답을 피하다

 **kotoba**

おもいで(思い出) = 추억
きねん(記念) = 기념
ようじん(用心) = 주의
げんぶん(原文) = 원문
きゅうすう(級数) = 급수
きひ(起否) = 여부
ちくしょう(畜生) = 짐승
しょくぎょう(職業) = 직업
こうい(行為) = 행위
そくど(速度) = 속도
げんこつ(拳骨) = 주먹
どせい(怒声) = 호통
ひばな(火花) = 불똥

やじ(野次) = 야유
ばった(蝗) = 메뚜기
あたい(値) = 값
げっきゅう(月給) = 월급
こいごころ(恋心) = 연정
とうし(闘志) = 투지
おんけい(恩恵) = 은혜
ひがい(被害) = 피해
ひっか(筆禍) = 필화
おじょく(汚辱) = 창피
さいげつ(歳月) = 세월
せいりょく(精力) = 정력
ひとめ(人目) = 남의 눈

ともす(灯す) = 켜다
しずむ(沈む) = 잠기다
さす(射す) = 비치다
みとめる(認める) = 인정하다
ただす(正す) = 바로잡다

あたる(当たる) = (불) 쬐다
そそぐ(注ぐ) = 붓다
あばく(暴く) = 폭로하다
となえる(唱える) = 외치다
くらべる(比べる) = 비교하다

Step.25

탁음. び

[尾] 꼬리

びこう(尾行) = 미행
しゅび(首尾) = 수미
まつび(末尾) = 말미
てっとうてつび(徹頭徹尾) = 철두철미
りゅうとうだび(竜頭蛇尾) = 용두사미

ごび(語尾) = 어미
たいび(大尾) = 대미
こうび(交尾) = 교미

[眉] 눈썹

びう(眉宇) = 미우(미간)　　　びもく(眉目) = 미목(용모)
がび(蛾眉) = 아미(초승달 눈썹)
しゅうび(愁眉) = 수미(양미간을 찌푸림)
しょうび(焦眉) = 초미(매우 위급함)
はくび(白眉) = 백미(여럿 중에서 가장 뛰어난 사람)

[美] 아름답다

びじゅつ(美術) = 미술　　　びじん(美人) = 미인
びぼう(美貌) = 미모　　　　びれい(美麗) = 미려
びとく(美德) = 미덕　　　　びよう(美容) = 미용
かんび(甘美) = 감미　　　　びだん(美談) = 미담
さんび(賛美) = 찬미

[備] 준비하다

びちく(備蓄) = 비축　　びひん(備品) = 비품
けいび(警備) = 경비　　しゅび(守備) = 수비
じゅんび(準備) = 준비　　せいび(整備) = 정비
せつび(設備) = 설비　　ぐび(具備) = 구비
けんび(兼備) = 겸비

♣ 훈독 <u>そな</u>える(備える) = 준비하다 ; 대비하다

* しけんにそなえる(試験に備える) = 시험에 대비하다
* しょうらいにそなえる(将来に備える) = 장래에 대비하다
* ひじょうのさいにそなえる(非常の際に備える)
  = 비상시에 대비하다
* ひつようひんをそなえる(必要品を備える) = 필수품을 준비하다
* しりょうをそなえる(資料を備える) = 자료를 갖추다
* いげんをそなえる(威厳を備える) = 위엄을 갖추다
* とくをそなえる(徳を備える) = 덕을 갖추다

[微] 작다

びさい(微細) = 미세   びみょう(微妙) = 미묘
びしょう(微笑) = 미소   びどう(微動) = 미동
けいび(軽微) = 경미   びせん(微賤) = 미천
びせいぶつ(微生物) = 미생물   けんびきょう(顕微鏡) = 현미경

[鼻] 코

びえん(鼻炎) = 비염   びおん(鼻音) = 비음
びこう(鼻孔) = 비공(콧구멍)   びそく(鼻息) = 비식(콧숨)
じびか(耳鼻科) = 이비인후과   びそ(鼻祖) = 비조

 **kotoba**

しけん(試験) = 시험   ひつよう(必要) = 필수
しょうらい(将来) = 장래   しりょう(資料) = 자료
ひじょう(非常) = 비상   いげん(威厳) = 위엄

Step.26

ふ

[斑] 얼룩 ; 반점

* ふいり(斑入り) = 얼룩이 있다
* くろいふがある(黒い斑がある) = 검은 얼룩이 있다
* ふのあるもよう(斑のある模様) = 반점이 있는 무늬
* とらふ(虎斑) = 호랑이 얼룩무늬

[腑] 내장

* ふのぬけたよう(腑の抜けたよう) = (놀라거나 슬퍼서) 정신이 나가다
* ふのぬけたひと(腑の抜けた人) = 쓸개 빠진 사람
* ふにおちない(腑に落ちない) = 납득이 안 되다
* ごぞうろっぷ(五臓六腑) = 오장육부

≪한자어≫

ぞうふ(臓腑) = 장부   ろっぷ(六腑) = 육부
はいふ(肺腑) = 폐부(마음속)

[不] 아니다

ふあん(不安) = 불안   ふか(不可) = 불가
ふかい(不快) = 불쾌   ふじゅん(不順) = 불순
ふしん(不信) = 불신   ふせい(不正) = 부정

ふのう(不能) = 불능　　　ふび(不備) = 불비
ふべん(不便) = 불편　　　ふまん(不満) = 불만
ふうん(不運) = 불운　　　ふきょう(不況) = 불황

[夫] 사내 ; 남편

じょうふ(丈夫) = 장부　　　たいふ(大夫) = 대부
じょうふ(情夫) = 정부　　　ぎょふ(漁夫) = 어부
のうふ(農夫) = 농부　　　ぼんぷ(凡夫) = 범부
ふくん(夫君) = 부군　　　ふさい(夫妻) = 부처
ぼうふ(亡夫) = 망부

[父] 아버지

ふし(父子) = 부자　　　ふぼ(父母) = 부모
くんぷ(君父) = 군부　　　そふ(祖父) = 조부

はくふ(伯父) = 백부   しゅくふ(叔父) = 숙부
こくふ(国父) = 국부   しんぷ(神父) = 신부
ふろう(父老) = 부로

[付] 주다

ふよ(付与) = 부여   こうふ(交付) = 교부
のうふ(納付) = 납부   はいふ(配付) = 배부
ふか(付加) = 부가   ふきん(付近) = 부근
てんぷ(添付) = 첨부   きふ(寄付) = 기부
ふたく(付託) = 위임, 위탁

♣ 훈독 つく(付く) = 붙다

* ちからがつく(力が付く) = 힘이 붙다
* そくどがつく(速度が付く) = 속도가 붙다
* ひがつく(火が付く) = 불이 붙다

* にくがつく(肉が付く) = 살이 붙다
* けいひんがつく(景品が付く) = 경품이 붙다
* じょうけんがつく(条件が付く) = 조건이 붙다
* ひとのしたにつく(人の下に付く) = 남의 밑에 붙다
* りしがつく(利子が付く) = 이자가 붙다
* てあてがつく(手当てが付く) = 수당이 붙다
* なまえがつく(名前が付く) = 이름이 붙다
* きずがつく(傷が付く) = 상처가 나다
* くせがつく(癖が付く) = 버릇이 들다
* めにつく(目に付く) = 눈에 띄다
* でんわがつく(電話が付く) = 전화가 들어오다
* でんきがつく(電気が付く) = 전기가 들어오다
* いろがつく(色が付く) = 물이 들다
* きがつく(気が付く) = 알아차리다
* ぶんべつがつく(分別が付く) = 철이 들다
* けっしんがつく(決心が付く) = 결심이 서다
* ねがつく(根が付く) = 뿌리를 박다
* れんらくがつく(連絡が付く) = 연락이 닿다
* しみがつく(染みが付く) = 얼룩이 지다
* むしがつく(虫が付く) = 벌레가 꾀다

[布] 포목

まふ(麻布) = 마포　　　めんぷ(綿布) = 면포
もうふ(毛布) = 모포　　ふせき(布石) = 포석
さんぷ(散布) = 산포, 살포　とふ(塗布) = 도포
ふきょう(布教) = 포교　　こうふ(公布) = 공포
せんぷ(宣布) = 선포　　はいふ(配布) = 배포
はんぷ(頒布) = 반포　　ぶんぷ(分布) = 분포

[扶] 돕다

ふじょ(扶助) = 부조　　ふよう(扶養) = 부양
ふじ(扶持) = 부지(무사의 봉록 ; 도와줌)

[怖] 두려워하다

きょうふ(恐怖) = 공포　　　　　いふ(畏怖) = 외포
きょうふ(驚怖) = 경포(놀라고 두려워함)

♣ 훈독 <u>こわ</u>い(怖い) = 두렵다

* こわいかお(怖い顔) = 무서운 얼굴
* あとがこわい(後が怖い) = 뒤가 두렵다
* よみちがこわい(夜道が怖い) = 밤길이 무섭다
* かみなりがいちばんこわい(雷が一番怖い) = 천둥이 제일 무섭다
* こわいゆめをみる(怖い夢を見る) = 무서운 꿈을 꾸다
* くちにだすのがこわい(口に出すのが怖い) = 입 밖에 내기가 무섭다

[訃] 부고

ふいん(訃音) = 부음　　　ふこく(訃告) = 부고
ふほう(訃報) = 부보

[負] 지다

ふさい(負債) = 부채　　　ふしょう(負傷) = 부상
ふたん(負担) = 부담　　　じふ(自負) = 자부
ほうふ(抱負) = 포부　　　しょうぶ(勝負) = 승부

♣ 훈독 ❶ おう(負う) = 지다

* にもつをおう(荷物を負う) = 짐을 지다
* じゅうじかをおう(十字架を負う) = 십자가를 지다
* せきにんをおう(責任を負う) = 책임을 지다

* ふさいをおう(負債を負う) = 빚을 지다
* きずをおう(傷を負う) = 상처를 입다
* いたでをおう(痛手を負う) = 타격을 입다

♣ 훈독 ❷ まける(負ける) = 지다

* たたかいにまける(戦いに負ける) = 싸움에 지다
* てきにまける(敵に負ける) = 적에게 지다
* せんきょにまける(選挙に負ける) = 선거에 지다
* あつさにまける(暑さに負ける) = 더위에 지다
* ふんいきにまける(雰囲気に負ける) = 분위기에 지다
* ゆうわくにまける(誘惑に負ける) = 유혹에 지다
* うるしにまける(漆に負ける) = 옻을 타다

[浮] 뜨다

ふじょう(浮上) = 부상　　　　　ふちん(浮沈) = 부침

ふどう(浮動) = 부동　　　　ふゆう(浮遊) = 부유

ふりょく(浮力) = 부력　　　ふろう(浮浪) = 부랑

♣ 훈독 <u>うかぶ</u>(浮ぶ) = 뜨다

* くもがうかぶ(雲が浮ぶ) = 구름이 뜨다
* ふねがうみにうかぶ(船が海に浮ぶ) = 배가 바다에 뜨다
* なみだがめにうかぶ(涙が目に浮ぶ) = 눈에 눈물이 어리다
* かおにほほえみがうかぶ(顔に微笑みが浮ぶ)
  = 얼굴에 미소가 떠오르다
* ぎもんがうかぶ(疑問が浮ぶ) = 의문이 생기다

[婦] 아내

しゅふ(主婦) = 주부　　　しんぷ(新婦) = 신부

ふじん(婦人) = 부인　　　にんぷ(妊婦) = 임부

らふ(裸婦) = 나부　　　　れっぷ(烈婦) = 열부

かせいふ(家政婦) = 가정부　　　じょさんぷ(助産婦) = 조산부

[符] 부 ; 부신

ふせつ(符節) = 부절　　　はいふ(配符) = 배부
ふごう(符合) = 부합　　　ごふ(護符) = 호부, 부적
ふごう(符号) = 부호　　　おんぷ(音符) = 음부

[富] 넉넉하다

ふきょう(富強) = 부강　　　ふごう(富豪) = 부호
ふゆう(富裕) = 부유　　　ひんぷ(貧富) = 빈부
ふのう(富農) = 부농　　　きょふ(巨富) = 거부
こくふ(国富) = 국부
ふこくきょうへい(富国強兵) = 부국강병

♣ 훈독 <u>とむ</u>(富む) = 부유해지다 ; 많다

* とんだいえ(富んだ家) = 부잣집
* しさんにとむ(資産に富む) = 자산이 많다
* ちぼうにとむ(知謀に富む) = 꾀가 많다
* けいけんにとむ(経験に富む) = 경험이 많다
* へんかにとむ(変化に富む) = 변화가 많다
* しさにとむ(示唆に富む) = 시사하는 바가 많다
* しげんにとむ(資源に富む) = 자원이 풍부하다
* しゅんじゅうにとむ(春秋に富む) = 나이가 창창하다

[普] 넓다

ふきゅう(普及) = 보급   ふつう(普通) = 보통   ふへん(普遍) = 보편

[腐] 썩다

ふはい(腐敗) = 부패　　　とうふ(豆腐) = 두부

ふにく(腐肉) = 부육(썩은 고기)　　ぼうふ(防腐) = 방부

ふしゅう(腐臭) = 부취(썩는 내)　　ちんぷ(陳腐) = 진부

♣ 훈독 　くさる(腐る) = 썩다

* さかながくさる(魚が腐る) = 생선이 썩다
* きがくさる(木が腐る) = 나무가 썩다
* てつがくさる(鉄が腐る) = 쇠가 녹슬다
* くさったにおい(腐った匂い) = 썩은 냄새
* くさったこんじょう(腐った根性) = 썩은 심보
* しかられてくさる(叱られて腐る) = 혼나서 기가 죽다
* かねがくさるほどある(金が腐るほどある) = 돈이 썩어날 만큼 많다
* くさってもたい(腐っても鯛) = 썩어도 준치

[譜] 적다

がふ(画譜) = 화보   きふ(棋譜) = 기보
ねんぷ(年譜) = 연보   かふ(家譜) = 가보(족보)
けいふ(系譜) = 계보   がくふ(楽譜) = 악보

[膚] 살갖

ひふ(皮膚) = 피부   かんぷ(完膚) = 완부
きふ(肌膚) = 피부(흠이 없는 피부)   ふせん(膚浅) = 부천(말이 천박함)
はっぷ(髪膚) = 머리털과 피부(몸)

 *kotoba*

もよう(模様) = 무늬
けいひん(景品) = 경품
てあて(手当て) = 수당
でんき(電気) = 전기
ぶんべつ(分別) = 분별
けっしん(決心) = 결심
れんらく(連絡) = 연락
しみ(染み) = 얼룩
よみち(夜道) = 밤길
かみなり(雷) = 천둥
じゅうじか(十字架) = 십자가
せきにん(責任) = 책임

くろい(黒い) = 검다
ぬける(抜ける) = 빠지다

ふさい(負債) = 부채
いたで(痛手) = 타격
せんきょ(選挙) = 선거
ふんいき(雰囲気) = 분위기
ゆうわく(誘惑) = 유혹
うるし(漆) = 옻
ほほえみ(微笑み) = 미소
ちぼう(知謀) = 꾀
けいけん(経験) = 경험
しさ(示唆) = 시사
しげん(資源) = 자원
しゅんじゅう(春秋) = 나이

おちる(落ちる) = 떨어지다
しかる(叱る) = 꾸짖다

Step.26

탁음. ぶ

[武] 무

ぶゆう(武勇) = 무용　　　ぶい(威武) = 무위

ぶかん(武官) = 무관　　　ぶき(武器) = 무기

ぶこう(武功) = 무공　　　ぶし(武士) = 무사

ぶじゅつ(武術) = 무술　　ぶんぶ(文武) = 문무

れんぶ(練武) = 연무

[部] 구분하다

ぶい(部位) = 부위　　　ぶひん(部品) = 부품
ぶぶん(部分) = 부분　　がいぶ(外部) = 외부
さいぶ(細部) = 세부　　しんぶ(深部) = 심부
ぶか(部下) = 부하　　　ぶたい(部隊) = 부대
ほんぶ(本部) = 본부

[撫] 어루만지다

ぶいく(撫育) = 무육　　あいぶ(愛撫) = 애무
いぶ(慰撫) = 위무　　　じゅんぶ(巡撫) = 순무
せんぶ(宣撫) = 선무　　ちんぶ(鎮撫) = 진무

♣ 훈독 <u>な</u>でる(撫でる) = 어루만지다

* あたまをなでる(頭を撫でる) = 머리를 쓰다듬다
* ひげをなでる(髭を撫でる) = 수염을 쓰다듬다
* こくみんをなでる(国民を撫でる) = 국민을 위무하다
* かみをなでる(髪を撫でる) = 머리를 빗질하다

[舞] 춤추다

ぶたい(舞台) = 무대　　　　　ぶとう(舞踏) = 무도
ぶよう(舞踊) = 무용　　　　　かぶ(歌舞) = 가무
けんぶ(剣舞) = 검무　　　　　こぶ(鼓舞) = 고무

♣ 훈독　まう(舞う) = 춤추다

* まいをまう(舞を舞う) = 춤을 추다
* きょうじてまう(興じて舞う) = 흥에 겨워 춤을 추다
* ゆきがまう(雪が舞う) = 눈이 흩날리다
* このはがまう(木の葉が舞う) = 나뭇잎이 흩날리다
* かぜにまう(風に舞う) = 바람에 흩날리다

 **kotoba**

あたま(頭) = 머리　　　　　ひげ(髭) = 수염
こくみん(国民) = 국민　　　かみ(髪) = 머리카락
まい(舞) = 춤　　　　　　　このは(木の葉) = 나뭇잎

なでる(撫でる) = 어루만지다　まう(舞う) = 춤추다

Step.27

へ

[屁] 방귀 ; 가치 없는 것이나 믿을 수 없는 것의 비유

* へをひる(屁を放る) = 방귀를 뀌다
* すかしべ(透し屁) = 소리 안 나게 뀐 방귀
* へりくつ(屁理屈) = 말도 안 되는 말
* へりくつや(屁理屈屋) = 억지를 잘 부리는 사람
* へのかっぱ(屁の河童) = 조금도 개의치 않음(태평한 모양)
* へともおもわない(屁とも思わない)
   = 방귀만큼도 여기지 않는다(코방귀만 뀌다)

* いいだしっぺ(言出しっ屁) = 구리다던 사람이 실은 방귀를 뀐 사람
* へをひってしりすぼめ(屁をひって尻窄め)
  = 방귀를 뀌고 엉덩이를 오므린다(잘못을 저질러 놓고 아무리 둘러대도 소용이 없다)

 **kotoba**

りくつ(理屈) = 이치
かっぱ(河童) = 물 속에 산다는 어린애 모양의 요괴

ひる(放る) = 배출하다　　　　　すかす(透す) = 틈새를 만들다
おもう(思う) = 생각하다　　　　すぼめる(窄める) = 오므리다

Step.28

ほ

[帆] 돛

* ほかぜにほをかける(帆風に帆を掛ける) = 순풍에 돛을 달다
* ほをはる(帆を張る) = 돛을 치다
* ほをあげる(帆を揚げる) = 돛을 올리다
* ほをまく(帆を巻く) = 돛을 감다
* ほをおろす(帆を下ろす) = 돛을 내리다
* えてにほをあげる(得手に帆を揚げる)
  = 자신 있는 일을 신이 나서 하다

* しりにほをかける(尻に帆を掛ける)
= 엉덩이에 돛을 달다(꽁무니가 빠지게 달아나다)

≪한자어≫

ほばしら(帆柱) = 돛대   しらほ(白帆) = 백범(흰 돛)

[歩] 걸음 ; 보조

* ほをはこぶ(歩を運ぶ) = 걸음을 옮기다
* ほをすすめる(歩を進める) = 걸음을 내딛다
* ほすう(歩数) = 보수   ほへい(歩兵) = 보병
  ほしょうへい(歩哨兵) = 보초병

≪한자어≫

ほこう(歩行) = 보행   ほちょう(歩調) = 보조

かっぽ(闊歩) = 활보   とほ(徒歩) = 도보
さんぽ(散歩) = 산보   じょうほ(譲歩) = 양보
どっぽ(独歩) = 독보   しんぽ(進歩) = 진보
たいほ(退歩) = 퇴보

[穂] 이삭

❶ 이삭

* いねのほがでる(稲の穂が出る) = 벼이삭이 나오다
* いねのほがみいる(稲の穂が実入る) = 벼가 익다
* いねのほをしごく(稲の穂を扱く) = 벼이삭을 훑다
* すすきのほ(薄の穂) = 참억새의 이삭

❷ 이삭 모양의 것

* ふでのほ(筆の穂) = 붓끝   やりのほ(槍の穂) = 창끝
* ほにでる(穂に出る)

= 이삭이나 열매를 맺다(생각하고 있는 것이 외면에 나타나다)

≪한자어≫

ほさき(穂先) = 이삭 끝
うつぼ(空穂) = 화살 통
はつほ(初穂) = 맨 먼저 익은 벼 이삭
みずほ(瑞穂) = 싱싱한 벼 이삭

いなほ(稲穂) = 벼 이삭

[保] 보전하다

ほあん(保安) = 보안
ほご(保護) = 보호
ほぞん(保存) = 보존
ほけん(保険) = 보험
たんぽ(担保) = 담보

ほけん(保健) = 보건
ほしゅ(保守) = 보수
かくほ(確保) = 확보
ほしょう(保証) = 보증

♣ 훈독 <u>たもつ</u>(保つ) = 유지되다

わかさをたもつ(若さを保つ) = 젊음을 유지하다
けんこうをたもつ(健康を保つ) = 건강을 유지하다
たいめんをたもつ(体面を保つ) = 체면을 유지하다
ちつじょをたもつ(秩序を保つ) = 질서를 유지하다
しんだいをたもつ(身代を保つ) = 재산을 보전하다

[捕] 잡다

ほかく(捕獲) = 포획　　　ほそく(捕捉) = 포착

ほばく(捕縛) = 포박　　　たいほ(逮捕) = 체포

ほりょ(捕虜) = 포로　　　だほ(拿捕) = 나포

♣ 훈독 <u>とらえる</u>(捕える) = 붙잡다

どろぼうをとらえる(泥棒を捕える) = 도둑을 잡다
さかなをとらえる(魚を捕える) = 물고기를 잡다
そでをとらえる(袖を捕える) = 소매를 붙잡다
きかいをとらえる(機会を捕える) = 기회를 잡다
こころをとらえる(心を捕える) = 마음을 사로잡다
しんそうをとらえる(真相を捕える) = 진상을 파악하다
はなしのいみをとらえる(話の意味を捕える)
= 이야기의 뜻을 파악하다

[補] 깁다

ほかん(補完) = 보완　　　ほきゅう(補給) = 보급
ほきょう(補強) = 보강　　ほじゅう(補充) = 보충
ほじょ(補助) = 보조　　　ほしょう(補償) = 보상
ぞうほ(増補) = 증보　　　ほにん(補任) = 보임
こうほ(候補) = 후보

♣ 훈독 <u>おぎなう</u>(補う) = 보충하다

あかじをおぎなう(赤字を補う) = 적자를 보충하다
けついんをおぎなう(欠員を補う) = 결원을 보충하다
せつめいをおぎなう(説明を補う) = 설명을 보충하다

[輔] 광대뼈

ほさ(輔佐) = 보좌   ほじょ(輔助) = 보조   ほひつ(輔弼) = 보필

[舗] 펴다

ほそう(舗装) = 포장
ほんぽ(本舗) = 본포(특정 상품의 제조 · 판매원)

ちゃほ(茶舗) = 차포   ろうほ(老舗) = 노포(대대로 이어오는 점포)
てんぽ(店舗) = 점포   ほどう(舗道) = 포도(포장 도로)

 kotoba

ほかぜ(帆風) = 순풍   えて(得手) = 자신이 있는 일
ほしょう(歩哨) = 보초   いねのほ(稲の穂) = 벼이삭
けんこう(健康) = 건강   たいめん(体面) = 체면
ちつじょ(秩序) = 질서   しんだい(身代) = 재산
どろぼう(泥棒) = 도둑   しんそう(真相) = 진상
あかじ(赤字) = 적자   けついん(欠員) = 결원

かける(掛ける) = 걸다   しごく(扱く) = 훑다
あげる(揚げる) = 올리다   まく(巻く) = 감다
おろす(下ろす) = 내리다   はこぶ(運ぶ) = 옮기다
すすめる(進める) = 나아가다   みいる(実入る) = 익다

Step.28

탁음. ぼ

[母] 어머니

ぼし(母子) = 모자   ぼにゅう(母乳) = 모유

そぼ(祖母) = 조모   ふぼ(父母) = 부모

しゅくぼ(叔母) = 숙모   ぼいん(母音) = 모음

ぼこう(母校) = 모교   ぼこく(母国) = 모국

ぶんぼ(分母) = 분모

[墓] 묘

ぼいき(墓域) = 묘역　　ぼしょ(墓所) = 묘소
ぼち(墓地) = 묘지　　　ぼひ(墓碑) = 묘비
ふんぼ(墳墓) = 분묘　　りょうぼ(陵墓) = 능묘

[慕] 그리워하다

ぼじょう(慕情) = 모정　　あいぼ(愛慕) = 애모
けいぼ(敬慕) = 경모　　　しぼ(思慕) = 사모
ついぼ(追慕) = 추모　　　れんぼ(恋慕) = 연모

♣ 훈독　したう(慕う) = 그리워하다

* なきちちをしたう(亡き父を慕う) = 돌아가신 아버지를 그리워하다
* ふるさとをしたう(故郷を慕う) = 고향을 그리워하다

* せいじんのとくをしたう(聖人の徳を慕う) = 성인의 덕을 앙모하다
* ひそかにこいしたうひと(密かに恋慕う人) = 남몰래 사모하는 사람
* ちちのあとをしたう(父の後を慕う) = 아버지의 뒤를 좇다

[暮] 저물다

ぼしょく(暮色) = 날이 저무는 어스레한 빛
ぼけい(暮景) = 날이 저무는 풍경
ちょうぼ(朝暮) = 아침저녁 にちぼ(日暮) = 해질녘
せいぼ(歳暮) = 세모(연말)

♣ 훈독 <u>く</u>れる(暮れる) = 저물다 ; 잠기다

* **ひがくれる**(日が暮れる) = 해가 저물다
* **あきがくれる**(秋が暮れる) = 가을이 저물다
* **としがくれる**(年が暮れる) = 한 해가 저물다
* **かなしみにくれる**(悲しみに暮れる) = 슬픔에 잠기다
* **なみだにくれる**(涙に暮れる) = 눈물로 지새다
* **とほうにくれる**(途方に暮る) = 어찌할 바를 모르다

[簿] 장부

ぼき(簿記) = 부기　　　　　げんぼ(原簿) = 원부

ちょうぼ(帳簿) = 장부　　　めいぼ(名簿) = 명부

かけいぼ(家計簿) = 가계부

 **kotoba**

ふるさと(故郷) = 고향　　　　こい(恋) = 사랑
せいじん(聖人) = 성인　　　　かなしみ(悲しみ) = 슬픔
ひそかに(密かに) = 남몰래　　なみだ(涙) = 눈물

したう(慕う) = 그리워하다　　くれる(暮れる) = 저물다

Step.29

ま

[真] 다른 품사의 앞에 붙여서 쓰임

❶ 정말 ; 진실

* まごころ(真心) = 진심
* まにんげん(真人間) = 참사람
* まみず(真水) = 담수(순수한 물)
* ましょうめん(真正面) = 바로 정면
* まっしろ(真っ白) = 새하얀

* まっくろ(真っ黒) = 새까만
* まっか(真っ赤) = 새빨간
* まっさお(真っ青) = 새파란
* まあたらしい(真新しい) = 아주 새롭다
* ますみ(真澄) = 아주 맑음
* まさご(真砂) = 매우 가는 모래
* まじめ(真面目) = 진지하다(성실한)
* ふまじめ(不真面目) = 진지하지 못하다(불성실한)
* まさか(真逆) = 설마(아무리 그렇다고 하더라도)

❷ 완전히 ; 정확히

* まうえ(真上) = 바로 위
* まうしろ(真後ろ) = 바로 뒤
* ましかく(真四角) = 정사각형
* まにうける(真に受ける) = 곧이듣다

[間] 사이 ; 틈

❶ 사이

* このま(木の間) = (나무와 나무) 사이
* しゅっぱつまでのま(出発までの間) = 출발할 때까지의 사이
* 間(ま)もなく = 곧 머지않아
* まぢかい(間近い) = 아주 가까움
* しらぬまに(知らぬ間に) = 자신도 모르는 새(어느 새)
* あっという間(ま)に = 눈 깜짝할 사이에
* あそぶまがない(遊ぶ間がない) = 놀 시간이 없다
* ねるまもない(寝る間もない) = (바빠서) 잠잘 시간도 없다

♣ まおとこ(間男)라는 말이 있습니다. 서방질, 샛서방이라는 말입니다. '서방질을 하다' = '間男をする'. 間男를 다른 말로 まぶ(間夫) 또는 じょうふ(情夫)라고 합니다.

29. ま   405

❷ 틈 ; 기회

* まあい(間合) = 짬 ; 틈
* まをうかがう(間を伺う) = 틈을 엿보다
* まをみはからってきりだす(間を見計らって切り出す)
  = 틈을 보아 말을 꺼내다

❸ 방

* ようま(洋間) = 양실　　　　おうせつま(応接間) = 응접실
* まがし(間貸) = 셋방을 줌　　まがり(間借) = 셋방을 얻음
* まじきり(間仕切り) = 칸막이 함
* ろくじょうのま(六畳の間) = 다타미(畳) 6장짜리 방

♣ 다타미 2장이 한 평(坪), 그러니까 다타미 6장짜리 방은 3평 방입니다.

≪한자어≫

まぎわ(間際) = (바로) 직전   あいま(合間) = 틈
いま(居間) = 거실   たにま(谷間) = (산) 골짜기
てま(手間) = 품 ; 수고   くもま(雲間) = 구름 사이
なかま(仲間) = 한패 ; 동료   なみま(波間) = 물결 이랑
ひるま(昼間) = 낮(동안)

[魔] 마 ; 악마

* まのて(魔の手) = 마수
* メモま(メモ魔) = 메모광
* まのふみきり(魔の踏切) = 마의 건널목
* まがさす(魔が差す) = 마가 들다
* まのじっぷんだい(魔の十分台) = 마의 10분대
* まのきんようび(魔の金曜日) = 마의 금요일

≪한자어≫

ましゅ(魔手) = 마수　　しきま(色魔) = 색마
びょうま(病魔) = 병마　　まほう(魔法) = 마법
まおう(魔王) = 마왕　　あくま(悪魔) = 악마

[麻] 삼 ; 마비되다

まふ(麻布) = 마포　　たいま(大麻) = 대마
あま(亜麻) = 아마　　こうま(黄麻) = 황마
ごま(胡麻) = 참깨　　じんましん(蕁麻疹) = 두드러기
ますい(麻酔) = 마취　　まひ(麻痺) = 마비
まやく(麻薬) = 마약

[摩] 갈다

まさつ(摩擦) =마찰　　　まめつ(摩滅) = 마멸
あんま(按摩) = 안마　　　まてんろう(摩天楼) = 마천루
げんま(減摩) = 감마(달아서 줄어 듬)
けんま(肩摩) = 견마(몹시 붐벼 어깨가 서로 부딪침)

[磨] 갈다

けんま(研磨) = 연마　　　まめつ(磨滅) = 마멸
れんま(練磨) = 연마　　　まがいぶつ(磨崖仏) = 마애불
せっさたくま(切磋琢磨) = 절차탁마

♣ 훈독 <u>み</u>がく(磨く) = 닦다

* ゆかをみがく(床を磨く) = 마루를 닦다
* はをみがく(歯を磨く) = 이를 닦다
* うでをみがく(腕を磨く) = 솜씨를 닦다
* じんかくをみがく(人格を磨く) = 인격을 닦다
* おとこをみがく(男を磨く) = 남성다워지게 단련하다
* かたなをみがく(刀を磨く) = 칼을 갈다

 *kotoba*

にんげん(人間) = 사람
しょうめん(正面) = 정면
すな(砂) = 모래
しかく(四角) = 사각

ふみきり(踏切) = 건널목
ゆか(床) = 마루
うで(腕) = 솜씨
じんかく(人格) = 인격

すむ(澄む) = 맑다
うかがう(伺う) = 엿보다
みはからう(見計らう)
= 가늠하다

かす(貸す) = 빌려주다
かりる(借りる) = 빌리다
しきる(仕切り) = 칸막이하다
さす(差す) = 가리다

Step.30

み

[み] 형용사 어간에 붙어 명사화, 정도·상태·장소 등을 나타냄

* あまみ(甘み) = 단 정도
* あたたかみ(温かみ) = 따스함 : 따스한 느낌
* ありがたみ(有難み) = 고마움
* かなしみ(悲しみ) = 슬픔
* よわみ(弱み) = 약한 곳
* くろみ(黒み) = 검은 기운

* かるみ(軽み) = 가벼움
* ふかみ(深み) = 깊은 곳

[実] 열매, 씨, 알맹이 등을 나타냄

* くさのみ(草の実) = 풀씨
* みがなる(実が生る) = 열매가 열리다
* みをまく(実を蒔く) = 씨를 뿌리다
* しるのみ(汁の実) = 국건더기
* みのないはなし(実のない話) = 내용이 없는 이야기
* はなもみもある(花も実もある) = 꽃도 있고 열매도 있다
       (명분과 실리가 다 갖춰짐)
* みがいる(実が入る) = 열매가 익다
* みをむすぶ(実を結ぶ) = 열매를 맺다(노력한 성과가 나타나다)

[身] 몸

❶ 신체 ; 일신 ; 자기 자신

* おのがみ(己が身) = 자기 몸
* みをきるようなさむさ(身を切るような寒さ) = 살을 에는 듯한 추위
* みをきよめる(身を清める) = 몸을 깨끗이 하다(목욕재계)
* みでみをくう(身で身を食う) = 제 자신의 파멸을 가져오다
* みをすてる(身を捨てる) = 제 몸을 희생하다
* みをつくす(身を尽くす) = 몸을 바치다(목숨을 걸고 무엇을 하다)
* ろうにんのみになる(浪人の身になる) = 실업자(재수생) 신세가 되다

❷ (물고기나 짐승의) 살

* さかなのみ(魚の身) = 생선의 살
* みをむしる(身を毟る) = 살을 발라내다(조금씩 떼어내다)

❸ 분수

* みのほどをしれ(身のほどを知れ) = 분수를 알아라
* みをおとす(身を落とす) = 영락하다

❹ 입장 ; 처지

* おやのみになる(親の身になる) = 부모의 처지가 되다
* わたしの身(み)にもなってください = 내 처지가 되어 보십시오

❺ 마음 ; 정성

* みにいったしごと(身に入った仕事) = 정성을 들인 일
* みがいらないしごと(身が入らない仕事) = 건성으로 하는 일
* みをあやまる(身を誤る) = 몸을 그르치다
* みをこがす(身を焦がす) = 몹시 애태우다

≪관용구≫

* みがはいる(身が入る) = 열심히 하다
* みがたつ(身が立つ) = 면목이 서다
* みからでたさび(身から出た錆) = 자업자득 ; 자승자박
* みにあまる(身に余る) = 과분하다
* みになる(身になる) = 몸에 살이 되다(유익하다)
* みのふりかた(身の振り方) = 처신
* みもよもない(身も世もない) = 절망적이다
* みをあやまる(身を誤る) = 몸을 그르치다
* みをうる(身を売る) = 몸을 팔다
* みをけずる(身を削る) = 살을 깎다
* みをこにする(身を粉にする) = 분골쇄신하다
* みをころす(身を殺す) = 자신을 희생하다
* みをたてる(身を立てる) = 입신출세하다
* みをなげる(身を投げる) = 몸을 던지다

[味] 미 ; 맛

* にんげんみ(人間味) = 인간미
* にんじょうみ(人情味) = 인정미
* しちみとうがらし(七味唐辛子) = 7가지 양념을 섞은 향신료

≪한자어≫

みかく(味覚) = 미각　　　　　　　ちんみ(珍味) = 진미
かみ(加味) = 가미　　　　　　　　いみ(意味) = 의미
きょうみ(興味) = 흥미　　　　　　しゅみ(趣味) = 취미
むみかんそう(無味乾燥) = 무미건조　ぎんみ(吟味) = 음미

♣ 훈독 <u>あじわう</u>(味わう) = 맛보다

* りょうりをあじわう(料理を味わう) = 요리를 맛보다
* くるしみをあじわう(苦しみを味わう) = 괴로움을 맛보다
* かいかんをあじわう(快感を味わう) = 쾌감을 맛보다

* さけをあじわう(酒を味わう) = 술을 맛보다
* めいきょくをあじわう(名曲を味わう) = 명곡을 감상하다
* しをあじわう(詩を味わう) = 시를 음미하다

[未] 아니다

みこん(未婚) = 미혼　　　みすい(未遂) = 미수

みてい(未定) = 미정　　　みまん(未満) = 미만

みらい(未来) = 미래　　　みぞう(未曽有) = 미증유

みぼうじん(未亡人) = 미망인

ぜんだいみもん(前代未聞) = 전대미문

[魅] 도깨비

きみ(鬼魅) = 귀매(요괴) まみ(魔魅) = 마매(사람을 현혹시키는 마귀)
みりょう(魅了) = 매료 みりょく(魅力) = 매력
みわく(魅惑) = 매혹

kotoba

きけん(危険) = 위험

ろうにん(浪人) = 실업자(재수생)

しごと(仕事) = 일

りょうり(料理) = 요리

くるしみ(苦しみ) = 괴로움

かいかん(快感) = 쾌감

めいきょく(名曲) = 명곡

ありがたい(有難い) = 고맙다

かなしい(悲しい) = 슬프다

まもる(守る) = 지키다

きよめる(清める) = 정화하다

すてる(捨てる) = 버리다

つくす(尽くす) = 다하다

むしる(毟る) = 쥐어뜯다

あまる(余る) = 남다

つける(着ける) = 걸치다

あやまる(誤る) = 그르치다

こがす(焦がす) = 애태우다

まかせる(任せる) = 맡기다

Step.31

む

[無] 없음

* むからゆうをしょうずる(無から有を生ずる) = 무에서 유를 낳다
* けいかくがむにきす(計画が無に帰す) = 계획이 무로 돌아가다
* どりょくがむになる(努力が無になる) = 노력이 헛일이 되다
* ひとのせいいをむにする(人の誠意を無にする)
  = 남의 성의를 헛되이 하다

≪한자어≫

むえき(無益) = 무익   むけい(無形) = 무형
むこう(無効) = 무효   むしょう(無償) = 무상
むり(無理) = 무리   むりょう(無料) = 무료
うむ(有無) = 유무   きょむ(虚無) = 허무
むし(無視) = 무시

♣ '無'를 'ぶ'로 읽기도 합니다.

ぶじ(無事) = 무사   ぶしょう(無精) = 무정
ぶなん(無難) = 무난   ぶらい(無頼) = 무뢰
ぶれい(無礼) = 무례   ぶどう(無道) = 무도
ぶあいそう(無愛想) = 무뚝뚝함
ぼうじゃくぶじん(傍若無人) = 방약무인

[務] 힘쓰다

ぎむ(義務) = 의무 きゅうむ(急務) = 급무
ぎょうむ(業務) = 업무 きんむ(勤務) = 근무
こうむ(公務) = 공무 せきむ(債務) = 책무
ざつむ(雑務) = 잡무 じむ(事務) = 사무
しょくむ(職務) = 직무 ふくむ(服務) = 복무
にんむ(任務) = 임무

♣ 훈독 <u>つと</u>める(務める) = 임무를 맡다

* ぎちょうをつとめる(議長を務める) = 의장을 맡다
* しゅやくをつとめる(主役を務める) = 주역을 맡다
* あんないやくをつとめる(案内役を務める) = 안내역을 맡다

[夢] 꿈 ; 꿈꾸다

むげん(夢幻) = 몽환　　　むそう(夢想) = 몽상
むちゅう(夢中) = 몽중　　あくむ(悪夢) = 악몽
きちむ(吉夢) = 길몽　　　しゅんむ(春夢) = 춘몽
すいむ(酔夢) = 취몽　　　めいむ(迷夢) = 미몽
れいむ(霊夢) = 영몽

[霧] 안개

うんむ(雲霧) = 운무　　　えんむ(煙霧) = 연무
のうむ(濃霧) = 농무　　　ふんむき(噴霧器) = 분무기
ごりむちゅう(五里霧中) = 오리무중

 **kotoba**

けいかく(計画) = 계획   ぎちょう(議長) = 의장
どりょく(努力) = 노력   しゅやく(主役) = 주역
せいい(誠意) = 성의   あんない(案内) = 안내

しょうずる(生ずる) = 낳다   つとめる(務める)
                              = 임무를 맡다

Step.32

め

[目] 눈 또는 눈에 비유되는 것을 나타냄

❶ 눈알

* あおいめ(青い目) = 파란 눈
* けんのあるめ(険のある目) = 험상궂은 눈
* めがつぶれる(目が潰れる) = 눈이 멀다
* めのおおきなひと(目の大きな人) = 눈이 큰 사람
* めをさます(目を醒ます) = 눈을 뜨다(잠을 깨다)

* めをひらく(目を開く) = 눈을 뜨다(깨닫다)
* めをとじる(目を閉じる) = 눈을 감다

❷ 눈매 ; 눈초리

* いろっぽいめ(色っぽい目) 요염한 눈
* めでしらせる(目で知らせる) = 눈짓으로 알리다
* こわいめをしてにらむ(怖い目をして睨む)
   = 무서운 눈을 하고 노려보다

❸ 시력

* めがよわい(目が弱い) = 시력이 약하다
* めがちかい(目が近い) = 근시이다
* めのとどくかぎり(目の届く限り) = 눈이 닿는 한

❹ 봄 ; 시선

* めにとまる(目に留まる) = 눈에 띄다

* めにうかぶ(目に浮かぶ) = 눈에 떠오르다
* めにいる(目に入る) = 눈에 들다
* めにさわる(目に障る) = 눈에 거슬리다
* めをとめる(目を留める) = 주의하여 보다
* めをはなす(目を離す) = 한눈팔다
* めをくばる(目を配る) = 살펴보다
* めをやる(目を遣る) = 눈길을 주다
* めをむける(目を向ける) = 눈을 돌리다
* めをそむける(目を背ける) = 눈길을 돌리다
* めをしのぶ(目を忍ぶ) = 남의 눈을 꺼리다
* めのやりばにこまる(目の遣り場に困る) = 눈 둘 곳을 모르다
* めをよろこばせる(目を喜ばせる) = 눈을 즐겁게 하다(눈요기하다)

❺ 주목 ; 주의해서 봄

* かんしのめがきびしい(監視の目が厳しい) = 감시의 눈이 엄하다
* めをこらす(目を凝らす) = 응시하다
* ひとのめをひく(ひとの目を引く) = 남의 눈을 끌다
* きんじょのめをきにする(近所の目を気にする)
  = 사람들의 눈에 신경을 쓰다

❻ 견해 ; 사고방식

* うたがいのめでみる(疑いの目で見る) = 의심하는 눈으로 보다
* はたからへんなめでみられる(側から変な目で見られる)
  = 주위에서 이상한 눈으로 보다
* ひはんてきなめでみる(批判的な目で見る) = 비판적인 눈으로 보다

❼ 안목

* めがたかい(目が高い) = 안목이 높다
* めがない(目がない) = 안목이 없다
* れきしをよむめをもつ(歴史を読む目を持つ)
  = 역사를 읽는 안목을 갖다
* ものごとをみぬくめをもつ(物事を見抜く目を持つ)
  = 사물을 간파하는 통찰력을 갖다
* せんもんかのめでみる(専門家の目で見る) = 전문가의 눈으로 보다

❽ 눈에 보이는 모양

* みためばかりよい(見た目ばかり良い) = 겉보기만 좋다

* みためがよくない(見た目が良くない) = 볼품이 없다

❾ 경험 ; 체험

* らくだいのうきめ(落第の憂き目) = 낙제의 쓰라림
* ひどいめにあう(酷い目に会う) = 지독한 일을 당하다

❿ 눈에 비유되는 것

* うおのめ(魚の目) = 티눈
* たいふうのめ(台風の目) = 태풍의 눈
* ごばんのめ(碁盤の目) = 바둑판의 눈
* あみのめ(網の目) = 그물의 눈

⓫ 틈새 ; 결

* のこぎりのめ(鋸の目) = 톱니
* くしのめ(櫛の目) = 빗살
* やすりのめ(鑢の目) = 줄의 까칠까칠한 면

* われめ(割れ目) = 깨진 금
* めがこまかいいた(目が細かい板) = 결이 고운 판자

❷ 눈금 ; 저울로 잰 무게

* はかりのめ(秤の目) = 저울의 눈금
* ものさしのめ(物差しの目) = 자의 눈금
* かんだんけいのめ(寒暖計の目) = 온도계의 눈금
* めがきれる(目が切れる) = 무게가 덜 나가다
* めがかかる(目が掛かる) = 꽤 무게가 나가다

❸ 순서를 나타낼 때

* さんばんめ(三番目) = 세 번째
* じっけんめ(十軒目) = 열 집째
* にばんめのむすめ(二番目の娘) = 둘째 딸

❶❹ 점이나 선처럼 되어 다른 것과 구별되는 곳

* むすびめ(結び目) = 매듭
* さかいめ(境目) = 경계선
* おりめ(折目) = 접은 곳 ; 주름

❶❺ 사물의 고비가 되는 상태

* おちめにあるしな(落ち目にある品) = 하락세에 놓여 있는 물품
* かちめがない(勝ち目がない) = 승산이 없다

≪합성어≫

* めあか(目垢) = 눈곱
* めじり(目尻) = 눈초리
* めがしら(目頭) = 눈구석
* めくばせ(目配せ) = 눈짓
* めぐすり(目薬) = 안약
* めかくし(目隠し) = 눈가리개
* めあたらしい(目新しい) = 새롭다

* めあて(目当て) = 목적 ; 목표
* めうえ(目上) = 연장자
* めがける(目掛ける) = 노리다
* めかた(目方) = 무게
* めきき(目利き) = 감정
* めこぼし(目溢し) = 눈감아 줌
* めこぼれ(目溢れ) = 빠뜨린 것
* めざす(目指す) = 지향하다
* めざめ(目覚め) = 눈뜸
* めした(目下) = 아랫사람
* めしょうがつ(目正月) = 눈요기
* めじるし(目印) = 표지

≪관용구≫

* めがきく(目が利く) = 분별력이 있다
* めがくらむ(目が眩む) = 현기증이 나다
* よくにめがくらむ(欲に目が眩む) = 욕심에 눈이 멀다
* めがたかい(目が高い) = 눈이 높다
* めがとどく(目が届く) = 눈이 두루 미치다
* めがまわる(目が回る) = 눈이 핑핑 돌다

* めからうろこがおちる(目から鱗が落ちる) = 눈이 확 트이다
* めからひがでる(目から火が出る) = 눈에서 불이 나다
* めにいれてもいたくない(目に入れても痛くない)
  = 눈에 넣어도 아프지 않다
* めにはいる(目に入る) = 눈에 들어오다
* めもくれない(目も呉れない) = 거들떠보지도 않다
* めをうたがう(目を疑う) = 눈을 의심하다
* めをしろくろさせる(目を白黒させる) = 눈을 희번덕거리다
* めにたつ(目に立つ) = 눈에 띄다
* めのまえがくらくなる(目の前が暗くなる) = 눈앞이 캄캄해지다
* めをさんかくにする(目を三角にする) = 눈을 부라리다
* めをそばめる(目を側める) = 곁눈질하다
* めをつける(目を着ける) = 눈여겨보다(주목하다)
* めをつぶる(目を瞑る) = 눈을 감다 ; 묵인하다
* めをとおす(目を通す) = 대강 훑어 보다
* めをふさぐ(目を塞ぐ) = 눈을 감다 ; 묵인하다
* めをふせる(目を伏せる) = 눈을 내리깔다
* めをほそめる(目を細める) = 눈을 가늘게 뜨다(웃음)
* めにかどをたてる(目に角を立てる) = 눈에 쌍심지를 켜다
* めをひからせる(目を光らせる) = 눈을 번득이다
* めをまるくする(目を丸くする) = (놀라서) 눈을 동그랗게 뜨다
* めをすます(目を澄ます) = 정신을 가다듬고 가만히 보다

* めをさらのようにしてさがす(目を皿のようにして探す)
  = 눈을 크게 뜨고 찾다
* めがとびでる(目が飛び出る) = 눈알이 튀어나오다
  (값이 너무 비싸서 / 야단맞아서)
* おめにかける(お目に掛ける) = 보여드리다

≪한자어≫

めだま(目玉) = 눈알   めやす(目安) = 표준(목표)
さかいめ(境目) = 갈림길   しろめ(白目) = 눈의 흰자
やくめ(役目) = 임무(책임)   よこめ(横目) = 곁눈질
おかめ(傍目) = 옆에서 봄   まじめ(真面目) = 진지함
めまい(目眩) = 현기증

[芽] 싹

* わかいめ(若い芽) = 어린 싹   あおめ(青芽) = 파란 싹
* めがでる(芽が出る) = 싹이 돋다

* 芽(め)をふく = 움이 트다
* めのうちにつむ(芽のうちに摘む) = 싹이 어릴 때 잘라내다
　　　　　　　　　　　　(일이 커지지 전에 처리하다)

♣ 음독 が(芽)

えきが(腋芽) = 액아(곁눈)　　はいが(胚芽) = 배아
はつが(発芽) = 발아　　　　にくが(肉芽) = 육아(생살)
ばくが(麦芽) = 맥아　　　　ほうが(萌芽) = 맹아

[女] 여성

* めのこ(女の子) = 여자(아이)
* めのわらわ(女の童) = 소녀
* めがみ(女神) = 여신
* たおやめ(手弱女) = 우아한 여자

* おとめ(乙女) = 처녀
* うねめ(采女) = 하급 궁녀
* はしため(婢女) = 하녀
* もとのめ(本の女) = 본처
* めおと(夫婦) = 부부

♣ 훈독 おんな(女)

* おんなになる(女になる) = 여자가 되다(남자를 알다)
* おんながあがる(女が上がる) = 더욱 여자다워지다
* おんなができる(女が出来る) = 애인이 생기다
* おんなをつくる(女を作る) = 애인을 만들다
* おんなをかう(女を買う) = 여자를 사다
* めしたきおんな(飯炊き女) = 식모
* おんなねこ(女猫) = 암고양이

[雌] (牝) 암컷

めうし(雌牛) = 암소   めばな(雌花) = 암꽃
めねじ(雌ねじ) = 암나사

 **kotoba**

ひはん(批判) = 비판   ものごと(物事) = 사물
らくだい(落第) = 낙제   うきめ(憂き目) = 쓰라림
たいふう(台風) = 태풍   ごばん(碁盤) = 바둑판
のこぎり(鋸) = 톱   くし(櫛) = 빗
やすり(鑢) = 줄   はかり(秤) = 저울
ものさし(物差し) = 자   うろこ(鱗) = 비늘

 **kotoba**

つぶれる(潰れる) = 찌부러지다
にらむ(睨む) = 노려보다
とまる(留まる) = 멈추다
さわる(障る) = 거슬리다
そむける(背ける) = 돌리다
きびしい(厳しい) = 엄하다
みぬく(見抜く) = 꿰뚫어보다
われる(割れる) = 깨지다
こぼす(溢す) = 흘리다
くれる(呉れる) = 주다
つぶる(瞑る) = 감다
ふせる(伏せる) = 내리깔다
つくる(作る) = 만들다

さます(醒ます) = 잠을 깨다
とどく(届く) = 닿다
うかぶ(浮かぶ) = 뜨다
くばる(配る) = 분배하다
しのぶ(忍ぶ) = 견디다
こらす(凝らす) = 엉기게 하다
ひどい(酷い) = 지독하다
かくす(隠す) = 감추다
くらむ(眩む) = 어지럽다
そばめる(側める) = 외면하다
ふさぐ(塞ぐ) = 막다
つむ(摘む) = 뜯다 ; 따다
たく(炊く) = 밥을 짓다

Step.33

も

[喪] 상 ; 복

* もにふくする(喪に服する) = 상을 당하다(복을 입다)
* もをはっする(喪を発する) = 상을 공표하다
* もをひする(喪を秘する) = 상을 공표하지 않다
* もをあける(喪を明ける) = 탈상하다

≪한자어≫

もしゅ(喪主) = 상주　　　もちゅう(喪中) = 상중
もふく(喪服) = 상복　　　もや(喪屋) = 빈소
ふくも(服喪) = 복상(상을 입음)

[面] 표면

* いけのも(池の面) = 연못의 표면
* みずのも(水の面) = 수면
* このもかのも(此の面彼の面) = 이쪽(면)과 저쪽(면)

♣ 음독　めん(面)

がんめん(顔面) = 안면　　　せんめん(洗面) = 세면
ふくめん(覆面) = 복면　　　まんめん(満面) = 만면
かめん(仮面) = 가면　　　　めんかい(面会) = 면회

めんせつ(面接) = 면접　　　ちょくめん(直面) = 직면

とうめん(当面) = 당면　　　しょうめん(正面) = 정면

ぜんめん(前面) = 전면　　　ほうめん(方面) = 방면

めんせき(面積) = 면적　　　だんめん(断面) = 단면

ひょうめん(表面) = 표면　　へいめん(平面) = 평면

がくめん(額面) = 액면　　　しょめん(書面) = 서면

[模] 법칙 ; 모양

もけい(模型) = 모형　　　もはん(模範) = 모범

もよう(模様) = 모양　　　もぎ(模擬) = 모의

もしゃ(模写) = 모사　　　もぞう(模造) = 모조

もほう(模倣) = 모방　　　もさく(模索) = 모색

もこ(模糊) = 모호

Step.34

や

[矢] 화살

* やをはなつ(矢を放つ) = 화살을 쏘다
* やがたつ(矢が立つ) = 화살이 꽂히다
* やのあたり(矢の当り) = 화살의 명중
* こういんやのごとし(光陰矢のごとし)
  = 세월이 쏜살과 같다(매우 빠르다)
* やのさいそく(矢の催促) = 성화같은 재촉
* やでもてっぽうでももってこい(矢でも鉄砲でももって来い)

= 무슨 수를 써도 좋으니 덤벼라

≪한자어≫

やおもて(矢面) = 화살이 날아오는 정면   やじるし(矢印) = 화살표
ゆみや(弓矢) = 활과 화살   いちのや(一の矢) = 최초로 쏜 화살

[屋] 명사에 붙어서 쓰입니다

❶ 그 직업을 가진 사람 또는 옥호를 이름.

* やおや(八百屋) = 채소 가게(장수)
* とうふや(豆腐屋) = 두부 가게(장수)
* さかなや(魚屋) = 생선 장수(가게)
* せいじや(政治屋) = 정치꾼
* なかむらや(中村屋) = 나카무라 상점

♣ 일제 강점기 때 '~や'로 불리던 옥호가 해방 후에도 그대로 우래옥(又來屋), 청진옥(淸進屋) 등으로 불리는 가게가 적지 않습니다.

❷ 남을 깔보아 부를 때 쓰는 말 ; 쟁이 ; 꾼

* せんみつや(千三つ屋) = 허풍쟁이
* わからずや(分からず屋) = 고집쟁이(벽창호)
* さむがりや(寒がり屋) = 추위를 잘 타는 사람
* あつがりや(暑がり屋) = 더위를 잘 타는 사람

≪한자어≫

やしき(屋敷) = 저택   やね(屋根) = 지붕 ; 덮개
がくや(楽屋) = (연극) 분장실   なや(納屋) = 헛간
ながや(長屋) = 일자집(행랑채)   へや(部屋) = 방

[家] 집

* あきや(空家) = 빈 집
* しずがや(賤が家) = 천한 사람의 집
* このやのあるじ(この家の主) = 이 집의 주인
* やなりしんどう(家鳴り震動) = 집이 울리는 진동

≪한자어≫

やちん(家賃) = 집세   やぬし(家主) = 가장(집주인)
しゃくや(借家) = 셋집

[野] 들판

* とらをやにはなつ(虎を野に放つ)
  = 호랑이를 들판에 풀어 놓다(위험인물을 방치하다)
* やをひらきたがやす(野を開き耕す) = 들을 개간하다

* やにくだる(野に下る) = 하야(下野)하다
* やにいる(野に居る) = 재야(在野)하다
* やにありてせいどうをただす(野にありて正道を正す)
    = 재야하면서 정도를 바로잡다
* どうさがやなる(動作が野なる)
    = 행동이 천하다

≪한자어≫

やえい(野営) = 야영　　　やがい(野外) = 야외

こうや(広野) = 광야　　　さんや(山野) = 산야

へいや(平野) = 평야　　　りんや(林野) = 임야

やじゅう(野獣) = 야수　　やばん(野蛮) = 야만

やぼう(野望) = 야망　　　しや(視野) = 시야

ぶんや(分野) = 분야　　　やとう(野党) = 야당

[冶] 쇠불리다

やきん(冶金) = 야금   たんや(鍛冶) = 단야(대장장이 일)
とうや(陶冶) = 도야

 **kotoba**

こういん(光陰) = 광음   さいそく(催促) = 재촉
てっぽう(鉄砲) = 총   とうふ(豆腐) = 두부
しず(賎) = 미천함   あるじ(主) = 주인
しんどう(震動) = 진동   せいどう(正道) = 정도

はなつ(放つ) = 놓다   さむがる(寒がる) = 추워하다
あつがる(暑がる) = 더워하다   たがやす(耕す) = 경작하다
くだる(下る) = 내려오다   ただす(正す) = 바로잡다

Step. 35

ゆ

[湯] 뜨거운 물

* あつゆ(熱湯) = 뜨거운 (목욕)물
* ゆをわかす(湯を沸かす) = (목욕)물을 데우다
* ゆにはいる(湯に入る) = 욕탕에 들어가다(입욕하다)
* ゆにいく(湯に行く) = 목욕탕에 가다
* ゆのまち(湯の町) = 온천 마을

≪한자어≫

ゆげ(湯気) = 김(수증기)　　　　　ながゆ(長湯) = (목욕) 오래 함
さゆ(白湯) = 끓인 맹물
ゆみず(湯水) = 더운물과 찬물(흔한 것)
ゆな(湯女) = 온천 여관의 하녀　　おもゆ(重湯) = 미음
ぬるまゆ(微温湯) = (목욕) 미지근한 물
うぶゆ(産湯) = 갓난아기를 목욕시킴 ; 또 그 더운물

♣ 음독　とう(湯)

よくとう(浴湯) = 욕탕
せんとう(銭湯) = 전탕(돈을 내고 목욕하는 공중목욕탕)
おんとう(温湯) = 온탕　　　　　ねっとう(熱湯) = 열탕
やくとう(薬湯) = 약탕　　　　　かっこんとう(葛根湯) = 갈근탕
どくじんとう(独参湯) = 독삼탕

[由] 말미암다

ゆらい(由来) = 유래   けいゆ(経由) = 경유
ゆえん(由縁) = 유연(연유)

♣ '由'를 'ゆう' 또는 'ゆい'로 읽기도 합니다

じゆう(自由) = 자유   じゆう(事由) = 사유
りゆう(理由) = 이유   ゆいしょ(由緒) = 유서(유래 ; 내력)

[油] 기름

せきゆ(石油) = 석유   ゆでん(油田) = 유전
げんゆ(原油) = 원유   とうゆ(灯油) = 등유
はいゆ(廃油) = 폐유   ゆあつ(油圧) = 유압

かんゆ(肝油) = 간유   こうゆ(香油) = 향유
しょうゆ(醬油) = 장유(간장)

[愉] 기뻐하다

ゆかい(愉快) = 유쾌   ゆらく(愉楽) = 유락(즐거움)
ゆえつ(愉悦) = 유열

[喩] 깨우치다

ひゆ(比喩) = 비유   いんゆ(隠喩) = 은유
ちょくゆ(直喩) = 직유   ふうゆ(諷喩) = 풍유
いんゆ(引喩) = 인유(다른 예를 끌어 비유함)

[諭] 타이르다

ゆし(諭旨) = 유지   きょうゆ(教諭) = 교유
くんゆ(訓諭) = 훈유   こくゆ(告諭) = 고유, 훈시
せつゆ(説諭) = 설유   ちょくゆ(勅諭) = 칙유(천황의 가르침)

♣ 훈독 <u>さと</u>す(諭す) = 깨우치다

* じゅんじゅんとさとす(諄諄と諭す) = 순순히 타이르다
* こんこんとさとす(懇懇と諭す) = 간곡하게 타이르다
* ものやわらかにさとす(物柔らかに諭す) = 부드럽게 타이르다
* くちがすっぱくなるほどさとす(口が酸っぱくなるほど諭す)
  = 입이 닳도록 타이르다
* こどもをさとしてやる(子供を諭してやる) = 아이를 타일러주다
* さとすようないいぶり(諭すような言い振り) = 타이르는 듯한 말투

[輸] 보내다

ゆけつ(輸血) = 수혈　　　ゆしゅつ(輸出) = 수출
ゆにゅう(輸入) = 수입　　ゆそう(輸送) = 수송
うんゆ(運輸) = 운수　　　くうゆ(空輸) = 공수
きんゆ(禁輸) = 금수　　　みつゆ(密輸) = 밀수

[癒] 낫다

かいゆ(快癒) = 쾌유　　　ちゆ(治癒) = 치유
へいゆ(平癒) = 평유(병이 나음)　　ぜんゆ(全癒) = 전유(완쾌)
ゆちゃく(癒着) = 유착　　ゆごう(癒合) = 유합(아묾)

♣ 훈독　いえる(癒える) = 낫다 ; 아물다

* やまいがいえる(病が癒える) = 병이 낫다
* こころのきずがいえる(心の傷が癒える) = 마음의 상처가 아물다
* はらがいえる(腹が癒える) = 분노가 사그라지다
* しつれんのいたでがいえない(失恋の痛手が癒えない)
  = 실연의 상처가 아물지 않다

 *kotoba*

しつれん(失恋) = 실연　　　　　　いたで(痛手) = 충격

じゅんじゅんと(諄諄と) = 순순히　　こんこんと(懇懇と) = 간곡하게
ものやわらかに(物柔らかに) = 부드럽게　あつい(熱い) = 뜨겁다
すっぱい(酸っぱい) = 시다　　　　わかす(沸かす) = 데우다
いえる(癒える) = 아물다　　　　　さとす(諭す) = 타이르다

Step.36

よ

[世] 세상, 생애 등을 나타냄

* いまのよ(今の世) = 지금 세상
* こむよ(来む世) = 다음 세상(내세)
* あのよ(あの世) = 저 세상(저승)
* うつつのよ(現の世) = 현실의 세상
* よにしられたじんぶつ(世に知られた人物) = 세상에 알려진 인물
* よをおさめる(世を治める) = 세상을 다스리다
* よにあう(世に会う) = 때를 만나다

* よにしょする(世に処する) = 처세하다
* よにでる(世に出る) = 출세하다
* よをさる(世を去る) = 세상을 떠나다(죽다)
* よをすてる(世を捨てる) = 세속을 버리다(출가하다)
* よをつくす(世を尽くす) = 일생을 보내다
* よをのがれる(世を逃れる) = 세상을 등지다(은둔하다)

≪한자어≫

よろん(世論) = 세론(여론)　　　ときよ(時世) = 시세(그 시대의 풍조)
うきよ(浮世) = 부세(덧없는 세상 ; 이 세상)

[夜] 밤

* よぎしゃ(夜汽車) = 밤기차
* よがふける(夜が更ける) = 밤이 깊어지다
* よのまぎれににげる(夜の紛れに逃げる) = 어둠을 틈타서 도망하다
* よのめもねずに(夜の目も寝ずに) = 잠도 자지 않고

* よをひにつぐ(夜を日に継ぐ) = 밤낮없이 계속하다

≪한자어≫

よかぜ(夜風) = 밤바람　　　　よなか(夜中) = 한밤중
よなが(夜長) = 밤이 김　　　　つきよ(月夜) = 월야(달밤)
やみよ(闇夜) = 암야(깜깜한 밤)

♣ 음독 や(夜)

やかん(夜間) = 야간　　　　やきん(夜勤) = 야근
やけい(夜景) = 야경　　　　やはん(夜半) = 야반
しょや(初夜) = 초야　　　　じょや(除夜) = 제야
しんや(深夜) = 심야　　　　ちゅうや(昼夜) = 주야
てつや(徹夜) = 철야

[余] 나머지

* ひゃくのよ(百の余) = 백 이상
* じゅうねんよ(十年余) = 10여 년
* よのぎではない(余の儀ではない) = 다른 일이 아니다
* よのこと(余の事) = 그 밖의 일
* よはしらず(余は知らず) = 그 밖의 것은 모르지만
* よはてんのうなり(余は天皇なり) = 나는 천황이다

≪한자어≫

よいん(余韻) = 여운   よち(余地) = 여지

よはく(余白) = 여백   よぶん(余分) = 여분

よゆう(余裕) = 여유   よりょく(余力) = 여력

ざんよ(残余) = 잔여   じょうよ(剰余) = 잉여(여분)

よきょう(余興) = 여흥

♣ 훈독 あまる(余る) = 남다

* さんこあまる(三個余る) = 세 개 남다
* けいひがにせんえんあまる(経費が二千円余る) = 경비가 이천 엔 남다
* じゅうねんにあまるねんげつ(十年に余る年月) = 십년이 넘는 세월
* ななじゅうにあまるろうじん(七十に余る老人) = 칠십이 넘는 노인
* 二メートルあまるおおおとこ(二メートル余る大男)
  = 2미터 넘는 거인
* みにあまるこうえい(身に余る光栄) = 분에 넘치는 영광
* てにあまるしごと(手に余る仕事) = 힘에 버거운 일
* めにあまる(目に余る) = 차마 눈뜨고 볼 수 없을 만큼 심하다

[代] 통치자의 치세

* めいじのよ(明治の代) = 메이지 시대
* よにさからう(代に逆らう) = 시대에 역행하다
* きみがよ(君が代) = 군주가 통치하는 시대
* ぶけのよ(武家の代) = 무인 통치 시대

* あのいえもこどものよになった(あの家も子供の代になった)
  = 저 집안도 그 자식의 대가 되었다

≪한자어≫

かみよ(神代) = (일본사) 신이 다스렸다고 전해지는 시대
ちよ(千代) = 천년(영원)   みよ(御代) = 군주의 치세 ; 성대(聖代)

♣ 음독 だい(代)

だいあん(代案) = 대안   だいこう(代行) = 대행
だいだ(代打) = 대타   だいひょう(代表) = 대표
だいり(代理) = 대리   だいきん(代金) = 대금
だいだい(代代) = 대대   せだい(世代) = 세대
ぜんだい(前代) = 전대   とうだい(当代) = 당대
ねんだい(年代) = 연대   れきだい(歴代) = 역대
きんだい(近代) = 근대   げんだい(現代) = 현대
こだい(古代) = 고대

♣ 훈독 <u>か</u>わる(代わる) = 대신하다 ; 바뀌다

* いちどうにかわって(一同に代わって) = 일동을 대신해서
* ちちにかわってしゅっせきする(父に代わって出席する)
  = 아버지를 대신해서 출석하다
* わたしがかわります(私が代わります) = 제가 대신하겠습니다
* ないかくがかわる(内閣が代わる) = 내각이 바뀌다
* とうしゅがかわる(投手が代わる) = 투수가 바뀌다

[与] 함께

よとう(与党) = 여당   かんよ(関与) = 관여
さんよ(参与) = 참여   きよ(寄与) = 기여
きゅよ(給与) = 급여   きょうよ(供与) = 공여
じょうよ(譲与) = 양여   ぞうよ(贈与) = 증여
たいよ(貸与) = 대여

[予] 미리

よかん(予感) = 예감   よげん(予言) = 예언
よこく(予告) = 예고   よさん(予算) = 예산
よそう(予想) = 예상   よそく(予測) = 예측
よてい(予定) = 예정   よび(予備) = 예비
よやく(予約) = 예약

[誉] 명예

えいよ(栄誉) = 영예   めいよ(名誉) = 명예
せいよ(声誉) = 성예(명망)   しょうよ(称誉) = 칭예(칭찬)
きよほうへん(毀誉褒貶) = 훼예포폄(세상의 평판)

[輿] 수레

けんよ(肩輿) = 견여(어깨로 메는 가마)
じょうよ(乗輿) = 승여(천자가 타는 수레)
しんよ(神輿) = 신여(신이 깃든 형상을 모신 가마)
よち(輿地) = 여지(대지 ; 전세계)
よぼう(輿望) = 여망(기대 ; 세상의 신뢰)

 **kotoba**

うつつ(現) = 현실
てんのう(天皇) = 천황
ぶけ(武家) = 무가
しゅっせき(出席) = 출석

じんぶつ(人物) = 인물
とうしゅ(投手) = 투수
いちどう(一同) = 일동
ないかく(内閣) = 내각

おさめる(治める) = 다스리다
つくす(尽くす) = 다하다
ふける(更ける) = 깊어지다
まぎれる(紛れる) = 혼동되다

のがれる(逃れる) = 벗어나다
つぐ(継ぐ) = 잇다
にげる(逃げる) = 도망치다
さからう(逆らう) = 거스르다

Step.37

ら

[等] (복수) 들 ; 따위

* これら(此等) = 이것들
* こどもら(子供等) = 아이들
* きみら(君等) = 자네들
* あいつら(彼奴等) = 그 녀석들
* わたしら(私等) = 우리들
* おまえら(御前等) = 너희들
* ここらでひとやすみしよう(此処等で一休みしよう)

= 이쯤에서 잠시 쉬자

[裸] 벌거숭이

らたい(裸体) = 나체   ぜんら(全裸) = 전라(알몸)
せきらら(赤裸裸) = 적나라   はんら(半裸) = 반라(반나체)
らふ(裸婦) = 나부(벌거벗은 여자)

♣ 훈독 はだか(裸) = 알몸

* はだかでねる(裸で寝る) = 벌거벗고 자다
* はだかになってみずあびする(裸になって水浴びする)
  = 벌거벗고 샤워하다
* はがおちたはだかのき(葉が落ちた裸の木)
  = 잎이 떨어진 벌거숭이 나무
* はだかやま(裸山) = 민둥산
* かねをはだかでわたす(金を裸で渡す) = 돈을 싸지 않고 건네다

* はだかのつきあい(裸の付き合い) = 솔직한 교제
* はだかになってはなしあう(裸になって話し合う)
    = 탁 터놓고 서로 이야기하다
* かじではだかになる(火事で裸になる) = 화재로 빈털터리가 되다

[羅] 그물 늘어서다

もうら(網羅) = 망라　　　　　られつ(羅列) = 나열
きら(綺羅) = 기라(곱고 화려한 비단)　りょうら(綾羅) = 능라
しんらばんしょう(森羅万象) = 삼라만상(만물)
らかん(羅漢) = (불교) 나한
まんだら(曼陀羅) = (불교) 만다라

 **kotoba**

こども(子供) = 아이
きみ(君) = 자네
あいつ(彼奴) = 그 녀석

あびる(浴びる) = 뒤집어쓰다
おちる(落ちる) = 떨어지다

はだか(裸) = 알몸
つきあい(付き合い) = 교제
かじ(火事) = 화재

わたす(渡す) = 건네다
はなしあう(話し合う)
= 대화하다

Step.38

り

[利] 벌이 ; 이문

* ぎょふのり (漁夫の利) = 어부지리
* りにさとい (利に聡い) = 잇속에 밝다
* りをおう (利を追う) = 이익을 추구하다
* りをいる (利を射る) = 이끗을 노리다
* りがうすい (利が薄い) = 이문이 박하다 (남는 게 없다)
* りがりをうむ (利が利を生む) = 이자가 이자를 낳다

≪한자어≫

りき(利器) = 이기
りこ(利己) = 이기
しょうり(勝利) = 승리
ゆうり(有利) = 유리
きんり(金利) = 금리
りこう(利口) = 영리함

りがい(利害) = 이해
りよう(利用) = 이용
べんり(便利) = 편리
りえき(利益) = 이익
ぼうり(暴利) = 폭리
りこん(利根) = 이근(영리한 천성)

[理] 법칙 ; 원리

* いんようのり(陰陽の理) = 음양의 원리
* じめいのり(自明の理) = 자명한 이치
* ふめつのり(不滅の理) = 불멸의 법칙
* りにかなう(理に適う) = 이치에 맞다
* りにおちる(理に落ちる) = 이론에 치우치다
* りにつむ(理に詰む) = 이론에 막히다(논쟁에서 지다)
* りがひでも(理が非でも) = 누가 뭐래도

≪한자어≫

ちり(地理) = 지리　　　　りせい(理性) = 이성
りそう(理想) = 이상　　　りろん(理論) = 이론
ぎり(義理) = 의리　　　　しんり(真理) = 진리
どうり(道理) = 도리　　　ぶつり(物理) = 물리
ろんり(論理) = 논리　　　りかい(理解) = 이해
すいり(推理) = 추리　　　りはつ(理髪) = 이발
かんり(管理) = 관리　　　せいり(整理) = 정리
りょうり(料理) = 요리

[吏] 관리

かんり(官吏) = 관리　　　ぜいり(税吏) = 세리
こくり(酷吏) = 혹리　　　おり(汚吏) = 오리
ごくり(獄吏) = 옥리　　　しったつり(執達吏) = 집달리

[里] 마을

きょうり(郷里) = 향리　　　りてい(里程) = 이정
かいり(海里) = 해리
ごりむちゅう(五里霧中) = 오리무중
せんりがん(千里眼) = 천리안

[痢] 설사

げり(下痢) = 설사　　　しゃり(瀉痢) = 사리(설사)
せきり(赤痢) = 적리(이질)　　えきり(疫痢) = 역리(이질)

[裡] 속

きょうり(胸裡) = 흉리(가슴속;마음속)　ごくひり(極秘裡) = 극비리

ひみつり(秘密裡) = 비밀리   あんあんり(暗暗裡) = 암암리

[裏] 안 ; 뒤

りめん(裏面) = 이면   ひょうり(表裏) = 표리
のうり(脳裏) = 뇌리   くり(庫裏) = 절의 부엌
しんり(心裏) = 심리(마음속)   きんり(禁裏) = 금리(궁궐)
だいり(内裏) = 천황이 사는 궁궐

♣ 훈독 うら(裏)

* あしのうら(足の裏) = 발바닥
* たてもののうらにあるはたけ(建物の裏にある畠)
  = 건물의 뒤쪽에 있는 밭
* きもののうらをつける(着物の裏を付ける) = 옷의 안(감)을 대다
* うらからたのみこむ(裏から頼み込む) = 뒷문으로 청탁하다
* うらこうさく(裏工作) = 이면공작

* うらとりひき(裏取引) = 음성 거래
* うらかいどう(裏街道) = 뒷길
* うらどおり(裏通り) = 뒷골목
* うらみち(裏道) = 샛길
* うらばなし(裏話) = 비화(잘 알려지지 않은 이야기)

[履] 신

りこう(履行) = 이행
りれき(履歴) = 이력
へいり(弊履) = 폐리(헌신짝)

りしゅう(履修) = 이수
ぞうり(草履) = (일본) 짚신
ぼくり(木履) = 나막신

♣ 훈독 **はく**(履く)

* くつをはく(靴を履く) = 신을 신다
* げたをはく(下駄を履く) = 나막신을 신다
* ながぐつをはく(長靴を履く) = 장화를 신다
* わらじをはく(草鞋を履く) = 짚신을 신다

[罹] (병에) 걸리다

りびょう(罹病) = 이병(병에 걸림)   りさい(罹災) = 이재(재해를 당함)

♣ 훈독 **かか**る(罹る) = (병) 걸리다

* びょうきにかかる(病気に罹る) = 병에 걸리다
* えきびょうにかかる(疫病に罹る) = 전염병에 걸리다

* とうなんにかかる(盗難に罹る) = 도난당하다
* かさいにかかる(火災に罹る) = 화재를 입다

[離] 흩어지다

りかん(離間) = 이간   りごう(離合) = 이합
りこん(離婚) = 이혼   りさん(離散) = 이산
りだつ(離脱) = 이탈   りはん(離反) = 이반
りべつ(離別) = 이별   かいり(乖離) = 괴리
かくり(隔離) = 격리   きょり(距離) = 거리
ぶんり(分離) = 분리   はくり(剝離) = 박리

♣ 훈독 <u>は</u>なれる(離れる) = 떨어지다

* あしがちをはなれる(足が地を離れる) = 발이 땅에서 떨어지다
* おやとはなれてくらす(親と離れて暮す) = 부모와 떨어져 살다
* こきょうをはなれる(故郷を離れる) = 고향을 떠나다
* せきからはなれる(席から離れる) = 자리에서 떠나다
* さんぽはなれる(三歩離れる) = 세 걸음 물러나다
* てをはなれる(手を離れる) = 손에서 떨어져 나가다
* しょくをはなれる(職を離れる) = 일자리를 떠나다
* じんしんがはなれる(人心が離れる) = 인심이 떠나다

 **kotoba**

ぎょふ(漁夫) = 어부
いんよう(陰陽) = 음양
じめい(自明) = 자명
ふめつ(不滅) = 불멸
こうさく(工作) = 공작
とりひき(取引) = 거래
かいどう(街道) = 길

ながぐつ(長靴) = 장화
わらじ(草鞋) = 짚신
えきびょう(疫病) = 전염병
とうなん(盗難) = 도난
かさい(火災) = 화재
こきょう(故郷) = 고향
じんしん(人心) = 인심

さとい(聡い) = 밝다
おう(追う) = 쫓다
いる(射る) = 쏘다
かなう(適う) = 필적하다

つむ(詰む) = 막히다
たのむ(頼む) = 부탁하다
はく(履く) = 신다
かかる(罹る) = 걸리다

Step.39

ろ

[炉] 방바닥에 고정한 화로

* ろをきる(炉を切る) = 방바닥에 화로를 박아 만들다
* ろにあたる(炉に当たる) = 화로의 불을 쬐다
* ろのはた(炉の端) = 화로 주변
* ろをかこんでだんしょうする(炉を囲んで談笑する)
  = 난롯가에 둘러앉아 담소하다

≪한자어≫

かろ(火炉) = 화로   こうろ(香炉) = 향로
こんろ(焜炉) = 곤로(풍로)   だんろ(暖炉) = 난로
ふろ(風炉) = 풍로   げんしろ(原子炉) = 원자로
はんしゃろ(反射炉) = 반사로   ようこうろ(溶鉱炉) = 용광로

[路] 길

ろせん(路線) = 노선   がいろ(街路) = 가로
けいろ(経路) = 경로   こうろ(航路) = 항로
しんろ(進路) = 진로   せんろ(線路) = 선로
つうろ(通路) = 통로   どうろ(道路) = 도로
めいろ(迷路) = 미로   かつろ(活路) = 활로
はんろ(販路) = 판로   ようろ(要路) = 요로

[露] 이슬

かんろ(甘露) = 감로　　けつろ(結露) = 결로

ろこつ(露骨) = 노골　　ろしゅつ(露出) = 노출

とろ(吐露) = 토로　　ばくろ(暴露) = 폭로

はつろ(発露) = 발로　　ろてん(露店) = 노점

ろご(露語) = 노어(러시아어)

Step.40

わ

[和] 화합하다

❶ 화목

* ひとのわ(人の和) = 인화
* かていのわ(家庭の和) = 가정의 화목
* わをたもつ(和を保つ) = 화목을 유지하다

❷ 화해 ; 강화

* わをこう(和を請う) = 화해를 청하다
* わをこうずる(和を講ずる) = 강화하다
* わをむすぶ(和を結ぶ) = 강화를 맺다

❸ 합계

* ごはにとさんのわ(五は二と三の和) = 5는 2와 3의 합
* わをもとめよ(和を求めよ) = 합을 구하라

❹ 일본식의

* わしょく(和食) = 일식(요리)
* わがし(和菓子) = 일본식 과자
* わふく(和服) = 일본의 전통 복식

≪한자어≫

わかい(和解) = 화해   わごう(和合) = 화합
こうわ(講和) = 강화   しんわ(親和) = 친화
へいわ(平和) = 평화   ゆうわ(融和) = 융화
にゅうわ(柔和) = 유화   ちょうわ(調和) = 조화
わおん(和音) = 화음   わしつ(和室) = 화실(일본식 방)
わしょく(和食) = 일식   わふく(和服) = 일본옷

[輪] 고리

* みみにわをはめる(耳に輪を填める) = 귀에 귀고리를 끼다
* くるまのわ(車の輪) = 수레바퀴
* わがまわる(輪が回る) = 바퀴가 돌다
* どせいのわ(土星の輪) = 토성의 고리
* わになってならぶ(輪になって並ぶ) = 원형으로 늘어서다
* わをかける(輪を掛ける) = 테를 두르다

≪한자어≫

かなわ(金輪) = 쇠고리 ゆびわ(指輪) = 반지
くびわ(首輪) = 목걸이 はなわ(花輪) = 화환(꽃다발)
おもわ(面輪) = 안면(얼굴)

[倭] 왜 ; 왜국

わこう(倭寇) = 왜구 わこく(倭国) = 왜국
わじん(倭人) = 왜인
わめい(和名) = (동물·식물의 학명) 일본식 이름

[話] 이야기

わじゅつ(話術) = 화술 かいわ(会話) = 회화
たいわ(対話) = 대화 でんわ(電話) = 전화

わだい(話題) = 화제   いつわ(逸話) = 일화

ぐうわ(寓話) = 우화   くんわ(訓話) = 훈화

じつわ(実話) = 실화   しんわ(神話) = 신화

どうわ(童話) = 동화   やわ(夜話) = 야화

♣ 훈독 <u>はな</u>す(話す) = 말하다

≪말하다 ; 이야기하다≫

* はなしかける(話し掛ける) = 말을 걸다
* えいごではなす(英語で話す) = 영어로 말하다
* はなしあう(話し合う) = 서로 이야기하다
* けいけんをはなす(経験を話す) = 경험을 이야기하다
* はなしてもむだだ(話しても無駄だ) = 이야기해도 소용없다

kotoba

かてい(家庭) = 가정   どせい(土星) = 토성
かし(菓子) = 과자   けいけん(経験) = 경험

たもつ(保つ) = 유지하다   まわる(回る) = 돌다
こう(請う) = 청하다   ならぶ(並ぶ) = 늘어서다
こうずる(講ずる) = 강구하다   かける(掛ける) = 걸다
むすぶ(結ぶ) = 맺다   はなす(話す) = 말하다
もとめる(求める) = 구하다   はめる(填める) = 끼우다

부 록

일본어 장음 탐구

　　日本語에는 장음과 단음이 있습니다. 韓国語에도 발음할 때 장음과 단음을 구별해야 의미가 통할 때가 있습니다. 예를 들면, 해가 진 뒤부터 날이 새기 전까지를 의미하는 '밤'과 밤나무 열매의 '밤'. 전자는 짧게 발음해야 하고, 후자는 길게 발음해야 '매끈한 韓国語'가 되겠지요? 그러나 우리는 거의 의식하지 못합니다. 장모음이나 단모음을 모두 한 음절로 취급합니다. 물론 장음과 단음을 구별해 표기하지 않습니다. 그러나 日本語에는 장음과 단음을 나누어 표기합니다. 일본어의 장음은 한 음절의 길이를 가지고 있어 단어를 구별시켜 주는 기능을 하고 있습니다.

　　그래서 韓国人이 日本語를 학습할 때, 특히 한자어 발음은 반드시 장음인가 단음인가 구별해서 기억해야 합니다. 그렇다면 현재 우리나라가 정한 외래어 표기법 중 일본어 표기법은 많은 문제점을 안고 있습니다. 일본어의 장음 관습을 완전히 무시하고 있으니까요. 특히 한자어 표기에서 장음을 무시하고 있습니다.

일본의 おおさか(大阪)를 우리나라 외래어 표기법대로 표현하면 '오사카'입니다. 그런데 문제는 일본인에게 '오사카'라고 말하면 그들이 그 말을 못 알아듣는다는 것이지요! '오오사카' 또는 '오-사카'라고 말해야 알아듣습니다. 집주인을 이르는 おおや(大家)를 우리나라 외국어 표기법대로 쓰면 '오야'가 되는데, 일본에서 '오야'라고 발음하면 일본인은 おや(親) 즉, 부모로 알아듣거든요? 일본인이 못 알아듣는 일본어를 일본에 가서 사용할 수 있겠습니까?

여러분들은 일본어에서 단음과 장음의 구별은 곧 단어의 구별이라는 생각을 갖고 일본어 학습에 임하시기 바랍니다. 그렇지 않으면 '매끈한' 일본어를 구사하기 어렵습니다. 항상 외국인 티가 나게 되는 것이지요.

일본어에서는 우리말로 받침이 있는 말이나 중모음은 장음으로 발음합니다. 장음은 'あ' 단에는 'あ', 'い' 단에는 'い', 'う' 단에는 'う', 'え' 단에는 'え', 'お'단에는 'う'나 'お'를 덧붙여 소리를 냅니다. 예를 몇 개 들어보지요.

おか<u>あ</u>さん(お母さん) 어머니　　おば<u>あ</u>さん(お婆さん) 할머니
おに<u>い</u>さん(お兄さん) 형님　　おじ<u>い</u>さん(お爺さん) 할아버지
す<u>う</u>がく(数学) 수학　　　　しんく<u>う</u>(真空) 진공
おね<u>え</u>さん(お姉さん) = 언니　せ<u>え</u>の 영차
そ<u>う</u>こ(倉庫) 창고　　　　 か こ<u>う</u>(加工) 가공
と<u>お</u>り(通り) 길　　　　　 お<u>お</u>きい(大きい) 크다

그러나 아래에서 예를 드는 한자어의 대부분은 かな에 'う'를 붙여 표현합니다. 일본어 50음 순으로 예를 들면, 요(凹)는 おう, 교(教)는 きょう, 공(空)은 くう, 효(効)는 こう, 첩(妾)은 しょう, 숭(崇)은 すう, 승(僧)은 そう, 정(町)은 ちょう, 통(通)은 つう, 동(冬)은 とう, 유(乳)는 にゅう, 뇌(腦)는 のう, 표(表)는 ひょう, 묘(妙)는 みょう, 유(有)는 ゆう, 요(要)는 よう 등으로 발음합니다.

그 밖에 한국어 'ㅗ, ㅜ'가 장음이 되는 경우가 대부분입니다.

이와 같은 점을 염두에 두고, 특히 한국인이 헷갈리기 쉬운 발음을 아래와 같이 정리합니다.

1. おう

[欧] 토하다 ; 유럽

おうしゅう(欧州) = 구주(유럽)   おうべい(欧米) = 구미(유럽+미국)
せいおう(西欧) = 서구(서 유럽)   とうおう(東欧) = 동구(동 유럽)

[殴] 치다

おうだ(殴打) = 구타   おうさつ(殴殺) = 구살(때려죽임)

[嘔] 토하다

おうと(嘔吐) = 구토   おうき(嘔気) = 구역질

2. きょう

[教] 가르치다

きょういく(教育) = 교육   きょうし(教師) = 교사
きょうよう(教養) = 교양   きょうかい(教会) = 교회

しゅうきょう(宗教) = 종교　　　ぶっきょう(仏教) = 불교

[嬌] 아리땁다

あいきょう(愛嬌) = 애교　　　きょうたい(嬌態) = 교태
きょうせい(嬌声) = 교성

[驕] 교만하다

きょうまん(驕慢) = 교만　　　きょうしゃ(驕奢) = 교사
きょうし(驕恣) = 교자

3. ぐう

[偶] 사람 모양 ; 쌍 ; 우연히 ; 둘로 나뉘어짐

ぐうぞう(偶像) = 우상　　　どぐう(土偶) = 토우
はいぐう(配偶) = 배우　　　ぐうぜん(偶然) = 우연
ぐうはつ(偶発) = 우발　　　ぐうすう(偶数) = 우수

[寓] 임시 거처 ; 함축시키다

ぐうきょ(寓居) = 우거   ぐうい(寓意) = 우의   ぐうわ(寓話) = 우화

[遇] 우연히 만나다 ; 대우하다

そうぐう(遭遇) = 조우   きょうぐう(境遇) = 경우(처지)
ふぐう(不遇) = 불우   しょぐう(処遇) = 처우
たいぐう(待遇) = 대우   れいぐう(礼遇) = 예우

4. こう / ごう

[好] 좋다

こうしょく(好色) = 호색   あいこう(愛好) = 애호
こううん(好運) = 호운   こうきょう(好況) = 호황
こうちょう(好調) = 호조   ぜっこう(絶好) = 절호
ゆうこう(友好) = 우호   しこう(嗜好) = 기호
どうこう(同好) = 동호

[考] 시험

こうりょ(考慮) = 고려　　さいこう(再考) = 재고
じゅっこう(熟考) = 숙고　　こうさ(考査) = 고사
せんこう(選考) = 선고　　びこう(備考) = 비고

[拘] 붙잡다

こうきん(拘禁) = 구금　　こうそく(拘束) = 구속
こうりゅう(拘留) = 구류

[高] 높다

こうそう(高層) = 고층　　こうきゅう(高級) = 고급
こうそく(高速) = 고속　　こうれい(高齢) = 고령
こうけつ(高潔) = 고결　　すうこう(崇高) = 숭고

[構] 얽다

こうせい(構成) = 구성　　こうそう(構想) = 구상
こうぞう(構造) = 구조　　きょこう(虚構) = 허구
こうちく(構築) = 구축　　こうない(構内) = 구내

[膏] 지방(기름)

こうやく(膏薬) = 고약   なんこう(軟膏) = 연고
ばんそうこう(絆創膏) = 반창고

[稿] 초고

げんこう(原稿) = 원고   せっこう(拙稿) = 졸고
そうこう(草稿) = 초고   だっこう(脱稿) = 탈고
とうこう(投稿) = 투고   こうりょう(稿料) = 고료

[号] 부르짖다

ごうれい(号令) = 호령   こくごう(国号) = 국호
しょうごう(商号) = 상호   あんごう(暗号) = 암호
きごう(記号) = 기호   しんごう(信号) = 신호
ばんごう(番号) = 번호   ふごう(符号) = 부호
ごうがい(号外) = 호외

[豪] 뛰어난 사람

ごうかい(豪快) = 호쾌   ごうけつ(豪傑) = 호걸

ごうぞく(豪族) = 호족　　　きょうごう(強豪) = 강호
ふごう(富豪) = 부호　　　ぶんごう(文豪) = 문호
ごうう(豪雨) = 호우　　　ごうか(豪華) = 호화
ごうしゃ(豪奢) = 호사

5. しょう / じょう

[招] 부르다

しょうせい(招請) = 초청　　　しょうたい(招待) = 초대
しょうち(招致) = 초치　　　しょうへい(招聘) = 초빙
しょうらい(招来) = 초래　　　しょうこん(招魂) = 초혼

[哨] 망보다

ほしょう(歩哨) = 보초　　　しょうへい(哨兵) = 초병
しょうかい(哨戒) = 초계

[消] 사라지다

しょうか(消火) = 소화　　　しょうしつ(消失) = 소실

しょうそく(消息) = 소식　　しょうどく(消毒) = 소독
しょうめつ(消滅) = 소멸　　かいしょう(解消) = 해소
まっしょう(抹消) = 말소　　しょうきょくてき(消極的) = 소극적

[笑] 웃다

しっしょう(失笑) = 실소　　だんしょう(談笑) = 담소
ちょうしょう(嘲笑) = 조소　　ばくしょう(爆笑) = 폭소
びしょう(微笑) = 미소　　れいしょう(冷笑) = 냉소

[焦] 태우다

しょうてん(焦点) = 초점　　しょうび(焦眉) = 초미
しょうそう(焦躁) = 초조

[焼] 타다

しょうきゃく(焼却) = 소각　　しょうしつ(焼失) = 소실
しょうじん(焼尽) = 소진　　えんしょう(延焼) = 연소
ぜんしょう(全焼) = 전소　　ねんしょう(燃焼) = 연소

[照] 비치다

しょうしゃ(照射) = 조사　　　しょうめい(照明) = 조명
はんしょう(返照) = 반조, 반사　しょうかい(照会) = 조회
かんしょう(観照) = 관조　　　さんしょう(参照) = 참조

6. すう

[枢] 지도리

ちゅうすう(中枢) = 중추　　　すうみつ(枢密) = 추밀
すうききょう(枢機卿) = 추기경

[数] 수

すうがく(数学) = 수학　　　すうじ(数字) = 숫자
すうりょう(数量) = 수량　　　さんすう(算数) = 산수
たすう(多数) = 다수　　　　てんすう(点数) = 점수

7. そう / ぞう

[早] 새벽

そうき(早期) = 조기　　　そうちょう(早朝) = 조조
そうこん(早婚) = 조혼　　そうじゅく(早熟) = 조숙
そうたい(早退) = 조퇴　　そうきゅう(早急) = 조급

[走] 달리다

そうこう(走行) = 주행　　きょうそう(競走) = 경주
しっそう(疾走) = 질주　　どくそう(独走) = 독주
だっそう(脱走) = 탈주　　とうそう(逃走) = 도주

[草] 풀

そうもく(草木) = 초목　　ざっそう(雑草) = 잡초
どくそう(毒草) = 독초　　やくそう(薬草) = 약초
そうあん(草案) = 초안　　きそう(起草) = 기초

[掃] 쓸다

そうじ(掃除) = 소제　せいそう(清掃) = 청소　いっそう(一掃) = 일소

[騒] 떠들다

そうおん(騒音) = 소음　　　　　そうどう(騒動) = 소동
そうぜん(騒然) = 소연(시끄러운 모양)

[藻] 조류

そうるい(藻類) = 조류　　　　　かいそう(海藻) = 해조
さいそう(才藻) = 재조(시문의 재능)

[操] 짓다

そうさ(操作) = 조작　　　　　　そうじゅう(操縦) = 조종
そうだ(操舵) = 조타　　　　　　そうれん(操練) = 조련
たいそう(体操) = 체조　　　　　しそう(志操) = 지조

[造] 짓다

ぞうえい(造営) = 조영　　ぞうせん(造船) = 조선
かいぞう(改造) = 개조　　せいぞう(製造) = 제조
そうぞう(創造) = 창조　　ねつぞう(捏造) = 날조

8. ちょう

[弔] 조상하다

ちょうい(弔意) = 조의　　ちょうきゃく(弔客) = 조객
ちょうじ(弔辞) = 조사　　ちょうでん(弔電) = 조전
ちょうもん(弔問) = 조문　　けいちょう(慶弔) = 경조

[兆] 징조

ちょうこう(兆候) = 조후(징후)　　きっちょう(吉兆) = 길조
ぜんちょう(前兆) = 전조

[彫] 새기다

ちょうこく(彫刻) = 조각   ちょうそ(彫塑) = 조소
ちょうぞう(彫像) = 조상

[朝] 아침

ちょうしょく(朝食) = 조식   ちょうせき(朝夕) = 조석
ちょうれい(朝礼) = 조례   ちょうてい(朝廷) = 조정
おうちょう(王朝) = 왕조   ちょうせん(朝鮮) = 조선

[超] 뛰어넘다

ちょうえつ(超越) = 초월   ちょうか(超過) = 초과
ちょうこく(超克) = 초극   ちょうぜん(超然) = 초연
ちょうだつ(超脱) = 초탈   ちょうじん(超人) = 초인

[調] 고르다

ちょうわ(調和) = 조화   きょうちょう(協調) = 협조
ちょうせい(調整) = 조정   ちょうりつ(調律) = 조율
じゅんちょう(順調) = 순조   きょくちょう(曲調) = 곡조

9. とう / どう

[刀] 칼

とうけん(刀劍) = 도검　　しっとう(執刀) = 집도
たんとう(短刀) = 단도　　ばっとう(抜刀) = 발도
ぼくとう(木刀) = 목도　　ぐんとう(軍刀) = 군도

[豆] 콩

とうにゅう(豆乳) = 두유　　とうふ(豆腐) = 두부
なっとう(納豆) = 낫토

[倒] 이르다

とうかい(倒壊) = 도괴　　とうさん(倒産) = 도산
そっとう(卒倒) = 졸도　　だとう(打倒) = 타도
けいとう(傾倒) = 경도　　ばとう(罵倒) = 매도

[逃] 달아나다

とうそう(逃走) = 도주　　とうひ(逃避) = 도피

とうぼう(逃亡) = 도망

[討] 치다

とうばつ(討伐) = 토벌　　せいとう(征討) = 정토
ついとう(追討) = 추토　　とうぎ(討議) = 토의
けんとう(検討) = 검토　　とうろん(討論) = 토론

[透] 투명하다

とうし(透視) = 투시　　とうてつ(透徹) = 투철
とうめい(透明) = 투명

[盗] 도둑

とうぞく(盗賊) = 도적　　とうなん(盗難) = 도난
とうへき(盗癖) = 도벽　　とうよう(盗用) = 도용
ごうとう(強盗) = 강도　　せっとう(窃盗) = 절도

[陶] 질그릇

とうき(陶器) = 도기　　とうこう(陶工) = 도공

さいとう(彩陶) = 채도　　　　せいとう(製陶) = 제도
とうや(陶冶) = 도야　　　　とうすい(陶酔) = 도취

[闘] 싸우다

とうそう(闘争) = 투쟁　　　あんとう(暗闘) = 암투
けっとう(決闘) = 결투　　　せんとう(戦闘) = 전투
らんとう(乱闘) = 난투　　　とうけん(闘犬) = 투견

[道] 길

どうろ(道路) = 도로　　　　かいどう(街道) = 가도
すいどう(水道) = 수도　　　てつどう(鉄道) = 철도
どうとく(道徳) = 도덕　　　せいどう(正道) = 정도
ぶつどう(仏道) = 불도　　　けんどう(剣道) = 검도
ちゃどう(茶道) = 다도

[導] 이끌다

どうにゅう(導入) = 도입　　いんどう(引導) = 인도
しどう(指導) = 지도　　　　せんどう(先導) = 선도
ゆうどう(誘導) = 유도　　　どうかせん(導火線) = 도화선

10. ほう / ぼう

[包] 싸다

ほうい(包囲) = 포위　　　ほうそう(包装) = 포장
ほうよう(包容) = 포용　　ほうかつ(包括) = 포괄
ほうがん(包含) = 포함　　ほうちょう(包丁) = 식칼

[宝] 보배

ほうせき(宝石) = 보석　　ほうぶつ(宝物) = 보물
こくほう(国宝) = 국보　　ざいほう(財宝) = 재보
つうほう(通宝) = 통보　　ほうけん(宝剣) = 보검

[抱] 껴안다

ほうよう(抱擁) = 포옹　　かいほう(介抱) = 개호(간호)
ほうふ(抱負) = 포부

[胞] 태아를 싸는 막

どうほう(同胞) = 동포　　ほうし(胞子) = 포자

きほう(気胞) = 기포

[砲] 대포

ほうか(砲火) = 포화　　　ほうげき(砲撃) = 포격
ほうじゅつ(砲術) = 포술　　ほうだん(砲弾) = 포탄
かほう(火砲) = 화포　　　れいほう(礼砲) = 예포

[報] 갚다

ほうおん(報恩) = 보은　　ほうふく(報復) = 보복
ほうこく(報告) = 보고　　ほうどう(報道) = 보도
けいほう(警報) = 경보　　じょうほう(情報) = 정보

[帽] 모자

ぼうし(帽子) = 모자　　　だつぼう(脱帽) = 탈모
ちゃくぼう(着帽) = 착모

[謀] 꾀하다

さんぼう(参謀) = 참모　　ちぼう(知謀) = 지모

ぼうぎ(謀議) = 모의　　　　　ぼうりゃく(謀略) = 모략
いんぼう(陰謀) = 음모　　　　みつぼう(密謀) = 밀모

11. もう

[毛] 털 가늘다

もうはつ(毛髪) = 모발　　　　もうふ(毛布) = 모포
じゅんもう(純毛) = 순모　　　せんもう(繊毛) = 섬모
だつもう(脱毛) = 탈모　　　　ようもう(羊毛) = 양모
にもうさく(二毛作) = 이모작　もうさいかん(毛細管) = 모세관

[耗] 덜다

しょうもう(消耗) = 소모　　　そんもう(損耗) = 손모
まもう(摩耗) = 마모

12. ゆう

[友] 벗

ゆうあい(友愛) = 우애　　　ゆうじょう(友情) = 우정
がくゆう(学友) = 학우　　　しんゆう(親友) = 친우
せんゆう(戦友) = 전우　　　ゆうこう(友好) = 우호

[憂] 근심하다

ゆううつ(憂鬱) = 우울　　　ゆうこく(憂国) = 우국
ゆうしゅう(憂愁) = 우수　　ゆうりょ(憂慮) = 우려
きゆう(杞憂) = 기우　　　　ないゆう(内憂) = 내우

[優] 뛰어나다

ゆうが(優雅) = 우아　　　　ゆうえつ(優越) = 우월
ゆうしょう(優勝) = 우승　　ゆうせん(優先) = 우선
ゆうれつ(優劣) = 우열　　　ゆうたい(優待) = 우대
せいゆう(声優) = 성우　　　はいゆう(俳優) = 배우
めいゆう(名優) = 명우

구태훈

성균관대학교 문과대학 사학과 명예교수.『일본학보』편집위원장, 일본역사문화학회 회장, 한국일본학회 회장 등 역임.

한음절로 잡는 일본어

발행인	구자선
펴낸날	2024년 4월 15일
발행처	(주)휴먼메이커
주　소	경기도 용인시 기흥구 강남서로 9 아카데미프라자 8층 825호
	전화 : 070-7721-1055
이메일	h-maker@naver.com
등　록	제2017-00006호

ISBN　979-11-982304-9-2(03730)
정　가　25,000원